Quand les petits chefs deviendront grands

Éditions d'Organisation
1, rue Thénard
75240 Paris Cedex 05
Consultez notre site :
www.editions-organisation.com

© Éditions d'Organisation, 2004.
ISBN : 2-7081-3208-3

Maurice Thévenet

Quand les petits chefs deviendront grands

**Éditions
d'Organisation**

Collection de l'Institut MANPOWER

**L'Institut MANPOWER de Recherches Prospectives
en Ressources Humaines**

Acteur et observateur central du monde de l'emploi, Manpower a créé en 1994 un Institut de recherches prospectives en ressources humaines afin de mutualiser son expertise dans le domaine.

L'objectif de l'Institut Manpower est double : explorer d'une part les évolutions à moyen terme en matière de GRH ; apporter d'autre part aux entreprises et aux dirigeants des outils d'aide à la décision leur permettant de se préparer dès aujourd'hui aux implications de ces mutations à venir.

La collection de livres édités aux Éditions d'Organisation s'inscrit dans cette double perspective et complète les autres actions de l'Institut Manpower : publication de cahiers de recherche thématiques, réalisation de guides sur les enjeux de la GRH, remise du Prix de l'ouvrage en ressources humaines...

Cette collection est dirigée par Jean-Pierre LEMONNIER, Denis PENNEL (MANPOWER) et Jean-Pierre RICHARD (PLUS CONSULTANT), avec la collaboration de Jacques PERRIN, directeur de l'Enseignement Supérieur et du Développement des Pôles de Compétences Technologiques CCINGA et Georges TRÉPO, professeur au Groupe HEC, ex-président de l'association Francophone de GRH (AGRH), « Program Chair de la division Management Consulting, Academy of Management, USA ».

TITRES PARUS

Jean-Paul ANTONA, *La rupture du contrat de travail : Guide juridique et pratique*, 1998.

Victor ERNOULT, *Recruter sans se tromper*, 2002, 2e édition 2004.

Guillaume FRANCK et Rafaël RAMIREZ, *Les meilleures pratiques des multinationales : Structures – Contrôle – Management – Culture*, 2003.

Bernard MERCK et coll., *Équipes RH acteurs de la str@tégie – L'e-RH : mode ou révolution*, 2002.

Thierry C. PAUCHANT et coll., *La quête du sens*, 1997.

Jean-Marie PERETTI, *Les clés de l'équité dans l'entreprise*, 2004.

Guy-Patrice QUÉTANT et Michel PIERCHON, *L'embauche : Guide juridique et pratique*, 1998.

Stéphanie SAVEL, Jean-Pierre GAUTHIER et Michel BUSSIERES, *Déléguer – Voyage au cœur de la délégation*, 2000.

Maurice THÉVENET, *Le plaisir de travailler – Favoriser l'implication des personnes*, 2000, 2e édition 2004.

Georges TRÉPO, Nathalie ESTRELLAT, Ewan OIRY, *L'appréciation du personnel*, 2002.

Jean-Louis VIARGUES, *Le guide du manager d'équipe – Les clés pour gérer vos ressources humaines*, 3e édition 2004.

Philippe VILLEMUS, *Motivez vos équipes*, 2e édition 2004.

À mes parents éternels
modèles
de proximité

Remerciements

Quand on sait faire, on devient manager de proximité. À défaut de savoir faire, on peut conseiller. Quand on ne peut même pas conseiller, on enseigne. Ce livre est écrit par un représentant de cette troisième catégorie. Mais, pour enseigner, il faut savoir apprendre. Dans le domaine du management on y réussit avec et par les autres. Que tous ceux qui ont permis ce livre en soient donc remerciés.

Ce sont en premier lieu ces professeurs hors pair, les éveilleurs de l'humain, les étudiants du CNAM et de l'ESSEC mais aussi tous ces managers et non-managers, dirigeants et professionnels de toutes les institutions listées ci-après, qui m'ont fourni la matière de l'ouvrage mais surtout le plaisir de l'échange.

AGF, Air France, Alcatel, Altadis, Arcelor, Areva, Asten, Auchan, Beauté Prestige International, Brézillon, CFCA, Ciments Français, Coca Cola, Crédit Lyonnais, Delphi, Dexia, EDF, Eiffage,

Elior, Essilor, Faurecia, Fédération du Bâtiment, FNAC, France Telecom, General Motors, Generali, Groupama, Honeywell, Mairie de Clichy, MAIF, Manpower, Match, MMA, Nestlé, Novandie, Novel, Pizza Hut, Renault, Samsung, Scania, SCA Packaging, Schneider, Société Générale, Sonatrach, Sonauto, Sonelgaz, SNCF, Thales, Upjohn, Veolia Environnement, Volvo, Wanadoo.

Sommaire

Chapitre 3
« Petits chefs » et management « moderne » 49

Chapitre 4
Comment peut-on être manager de proximité ? 65

Chapitre 5
L'idéal du management de proximité 77

Chapitre 6

Souffrance du management de proximité 93

Chapitre 7

Ré-enchanter le management de proximité 109

Chapitre 8

La conviction 121

Introduction

Les « petits chefs »

UNE FIGURE DÉVALORISÉE

« Petit chef ». L'accolement des deux mots évoque à chacun la même densité de mesquinerie, d'autoritarisme, voire de perversion. Le petit chef contrôle perfidement, il impose une autorité dont il semble seul connaître la légitimité, il exagère l'utilisation de ses maigres galons bien au-delà de ce que ses talents permettent. Finalement le « petit chef » est le personnage obligé de tout livre aux fortes ventes assurées sur la barbarie au travail, l'horreur bureaucratique ou le harcèlement dans l'atelier. Il faut dire que tout le monde en a rencontré au cours de sa carrière et, d'ailleurs, pas seulement dans les situations de travail, mais aussi dans les clubs sportifs ou les associations humanitaires. Il est un personnage important de notre comédie humaine. Finalement, le petit chef est surtout « petit » ; l'adjectif est ici bien péjoratif, il le fait rejoindre la famille déjà nombreuse des « petit Chose » et des « petits boulots »…

Certains auraient tendance à associer le « petit chef » à un management « d'hier ». En effet, nos observateurs éclairés du management ont cette tendance millénariste à opposer sans cesse, quelles que soient les époques, un prétendu management du passé à ce que devrait indiscutablement être celui du futur. Le « petit chef » évoque des pyramides ringardes, voire des organisations « paternalistes », ce qui suffit généralement à clore la discussion. Il emprunte le substantif de « chef » qui n'est pas très valorisant non plus : il n'y a guère qu'en cuisine que ce nom est positif et encore faut-il le faire précéder de l'adjectif « grand ». Incontestablement, le « petit chef » renvoie à une époque révolue du fonctionnement des entreprises, maintenant qu'ils ont été remplacés par des managers formés aux techniques modernes du management. Ceux auxquels on attribue encore ce qualificatif ne seraient-ils alors que les restes non encore dilués de modes de fonctionnement dépassés ?

Dans l'opinion commune, le « petit chef » ne conserve de son rôle de management que le contrôle le plus tatillon des tâches et des résultats. Il ne voit pas sa mission comme de l'animation, du *leadership* ou de l'entraînement motivant vers la réalisation d'un projet commun mais il s'arc-boute plutôt sur une position d'autorité défensive chèrement acquise et dont il veut profiter de tous les illusoires bénéfices, même au détriment des collaborateurs. Il ne manie pas d'outils de management sophistiqués, ne pratique pas toutes les démarches de la gestion des ressources humaines partagée, il ne favorise surtout pas l'*empowerment*, la délégation, la participation ou encore les entretiens réguliers pour interpeller l'expérience de travail de chacun au niveau de son vécu... Dans les deux dimensions classiques du management, les tâches et les relations, il se situe fermement du côté des tâches et avec la plus grande brutalité.

Une figure éternelle

En effet, la littérature de management a abandonné depuis longtemps la notion de chef au profit d'autres dénominations considérées comme plus flatteuses, efficaces et modernes. On parle ainsi de « décideurs », qui sont même souvent « grands ». Le management serait l'art de la décision. Les grands capitaines se remarqueraient à la qualité de décisions qu'ils concoctent dans leur grande sagesse, leur art et leur technicité. Avec le décideur est valorisée l'idée de la décision bonne, techniquement satisfaisante. On pense au professionnalisme du manager, à son intelligence des situations, sa capacité d'analyse, sa compétence technique et son aptitude à trancher. Certains ne parlent même plus de managers : le décideur est la figure ultime d'un rôle qui ne consisterait, dans le quotidien de la vie des organisations, à n'être qu'un distributeur de décisions, tellement éloigné du travail concret que ce dernier va presque sans dire…

On oppose également au chef la figure plus valorisante du *leader*. À cette figure aux multiples définitions et conceptions, on attache généralement l'image de celui qui motive et entraîne derrière un projet ou une idée. Il serait parfois doué de charisme ou du sens inné de la relation pour simplement montrer aux autres une voie qu'ils suivraient librement. Cette image est tellement valorisante que certains rêvent même d'organisations où tous seraient *leaders*... On aurait alors inventé l'organisation sans chef, fonctionnant avec des individus avançant tous de leur plein gré dans la bonne direction...

On oppose enfin aux organisations qui ont besoin de « petits chefs », l'institution imaginaire qui fonctionnerait toute seule. Constituée de professionnels qui connaissent leur métier et respectent les *process* précis et efficaces qui leur ont été préparés. Dans cette organisation où les individus peuvent se côtoyer sans interaction, on a réussi à supprimer le besoin d'un travail de coordination ou de mise en commun, d'« émulsion » entre les activités de chacun. Chacun fait ce qu'il a à faire sans s'occuper du reste et chacun est heureux dans son coin, comme si l'on pouvait éliminer le besoin et la réalité des interactions humaines dès qu'il existe une action collective ! Curieusement, la rigueur technocratique des *process* trouve un allié inattendu dans la valorisation de l'autonomie et de l'indépendance pour véhiculer la chimère d'une institution sans chefs, sans coordonnateurs, animateurs, ou *ersatz* quelle que soit leur dénomination.

ON NE SE VOIT PAS « PETIT CHEF »

Évidemment personne ne se sait « petit chef ». Dès que l'on a une responsabilité, on l'exerce comme on peut, en fonction de ses propres idées et de l'image idéale que l'on a de soi-même. La plupart des « petits chefs » ont sincèrement l'impression de fonctionner par devoir, parce que c'est nécessaire et que la production l'exige, voire pensent-ils, parce qu'on leur demande de se comporter comme cela.

Assez souvent le manager ne peut s'imaginer « petit chef » parce qu'il prétend ingénument pouvoir conserver, malgré son rôle, les mêmes relations avec ses anciens collègues. Mais les rôles sont importants dans les organisations et dès que l'on porte la casquette du responsable, les relations changent parce que les autres ne vous voient plus de la même manière, que ce nouveau chef le veuille ou pas. C'est parfois difficile à admettre pour celui qui voulait le plus innocemment du monde décider des relations à instaurer ou conserver avec les autres.

Le « petit chef » ne se voit pas comme tel aussi parce que, comme beaucoup, il est plus préoccupé par le haut que par le bas. Il est mis lui-même sous pression par son propre patron et fait plus attention à l'évolution de ses relations avec celui-ci : comment ses collaborateurs n'épouseraient-ils pas ses propres contraintes ?

Si peu de managers se considèrent comme « petit chef », la sagesse voudrait que l'on ne s'en moque pas trop vite parce que l'on se sent rarement être « petit chef » : ce sont les autres qui vous attribuent le qualificatif, le plus souvent sans le dire. D'ailleurs, comment vos collaborateurs vous appellent-ils ?

LA DÉFENSE DES « PETITS CHEFS »

La question des « petits chefs » est-elle obsolète ou mérite-t-elle encore d'être posée ? Il faut d'abord reconnaître que toute activité collective a besoin d'animation, de coordination, de direction, quelles que soit les dénominations attribuées à la fonction. On les appelle leaders de projets, facilitateurs, responsables ou coordinateurs dans nos organisations modernes. Toutes les armées du monde (puisque c'est sans doute l'institution la plus ancienne) ont toujours reconnu ce rôle et l'ont pensé de différentes manières avec, malheureusement, pas mal d'efficacité.

Si l'on a toujours besoin de chefs, il est également normal de mettre en cause les figures d'autorité. On le fait de ses parents et de ses maîtres, de ses entraîneurs et de son chef de chœur, de son adjudant ou de son président d'association de parents d'élèves. Ce n'est pourtant pas parce que l'on râle contre les figures d'autorité qu'elles doivent être remises en question. C'est justement parce qu'il est normal de critiquer ces figures que leurs titulaires ont besoin d'une certaine solidité personnelle pour le supporter.

Il est également normal de rêver à des situations de travail où l'on pourrait se passer de ces mentors. Dans une enquête auprès de plus de 1 800 personnes à qui nous demandions de relater comment leur patron de l'époque les « manageait » dans des situations de forte implication dans le travail, les deux tiers des répondants disaient que leur patron était absent : il leur donnait de l'autonomie, de la liberté, une carte blanche, il n'était jamais là, il les avait abandonnés à leur sort ; dans tous les cas, les personnes ne se rappelaient pas de leur patron quand ils étaient fortement engagés dans leur travail. Il est peu probable qu'une telle proportion de patrons aient été absents mais c'est l'impression des personnes, tant elles étaient engagées dans leur activité. Mais un quart des répondants reconnaissaient aussi, en réponse à cette question ouverte, que leur patron venait les aider quand ils en exprimaient eux-mêmes le besoin. Serait-ce un modèle à suivre pour tout manager de proximité que de laisser de l'autonomie tout en accourant dès que le collaborateur en exprime le besoin ? Difficile à dire, mais cela témoigne en tout cas de l'attitude toujours nuancée qui est développée vis-à-vis de ses responsables, quels que soient les discours convenus sur son « petit chef » que l'on peut tous se laisser aller à tenir.

Une autre donnée du problème a trait à ce que l'on peut entendre aujourd'hui dans des institutions aussi différentes que les entreprises, les administrations, les syndicats, les partis politiques ou le milieu associatif au sens large. Partout on entend le même refrain : on a besoin de personnes, quel que soit le nom que l'on donne à leur rôle, qui puissent prendre en charge le fonctionnement de l'activité collective. On a besoin de gens qui, dit trivialement, « s'occupent des autres ».

C'est finalement de ce constat que part cet ouvrage. Bien entendu, il faut reconnaître toutes les perversions qui découlent de l'exercice du pouvoir. Elles existent, on les connaît et il faut même reconnaître qu'il y a aussi beaucoup de perversion à ne jamais vouloir exercer de pouvoir en restant sur son confortable Aventin à se plaindre de la méchanceté du monde... Mais les institutions ont besoin de management de proximité, elles ont besoin d'une coordination, d'un entraînement, d'une prise en charge efficace de l'action collective.

Par ce titre des « petits chefs » qui pourraient grandir, on veut affirmer que cette activité de « s'occuper des autres » dans le quotidien du travail a besoin d'être réhabilitée et valorisée parce qu'il en va du bon fonctionnement de nos institutions quelles qu'elles soient. Imaginer qu'ils deviennent grands, c'est reconnaître leur rôle et leur fonction.

L'OUVRAGE

Dans les trois premiers chapitres nous examine-rons les situations dans lesquelles l'action du management de proximité est déterminante pour l'implication des personnes, pour faciliter le chan-gement, voire dans toutes les formes plus moder-nes de management qu'exigent nos organisations aujourd'hui (avec la gestion des experts ou des « divas », par exemple). Dans les trois chapitres suivants nous nous livrerons à un bref état des lieux : s'il paraît si difficile à de nombreuses institu-tions aujourd'hui d'avoir de bons managers de proximité, quelles en sont les raisons ? – il faut comprendre et accepter l'idée que le management de proximité n'est souvent pas une sinécure. Dans les derniers chapitres nous brosserons quelques pistes pour revaloriser ce management de proxi-mité, développer ses compétences et faire grandir l'envie.

Chapitre I

« Petits chefs » et implication

Il n'est pas de responsable qui ne rêve de l'implication de ceux avec lesquels il travaille. Sur un tel constat pourraient se mettre d'accord l'entraîneur sportif, le chef de chœur, le responsable associatif ou le manager. En voulant de l'implication, on attend de la performance mais aussi, de manière plus importante, une certaine ambiance de travail et la confortable approche commune du travail qui facilite tellement la vie au quotidien. Parfois aussi, quand on dit que l'on aimerait avoir des gens impliqués, c'est que l'implication correspond à ses propres valeurs et à son sens du travail que l'on aimerait partager. Tout ceci est bien compréhensible mais on ne peut éviter la question de savoir si, au-delà de ses rêves, l'implication des salariés est vraiment nécessaire à l'entreprise. Si elle est nécessaire et si l'on comprend un peu mieux son fonctionnement, on examinera alors en quoi le management de proximité, la relation managériale au quotidien avec son responsable peut avoir un fort impact sur le développement de l'implication. En effet, le patron direct a un rôle capital pour vous rendre la vie au travail vivable ou impossible ; on reste dans une entreprise pour un patron, même si les propositions extérieures sont alléchantes, on part aussi à cause de lui ou d'elle – même si l'on s'évertue à expliquer sa décision par des raisons plus matérielles et objectives.

Un réel besoin d'implication

Nos organisations ont-elles vraiment besoin d'implication ? La question mérite d'être posée parce que les *process*, les procédures précises, les modes opératoires sophistiqués sont généralement là pour que l'opérateur n'ait qu'à appliquer ce qui est écrit, sans se poser de question, comme un simple automate : finalement, il suffirait d'être discipliné plutôt qu'impliqué. On peut d'ailleurs comprendre la tendance permanente des organisations du travail à se dégager de toutes les dépendances, y compris celle des individus qui exerceraient leur liberté en décalage par rapport aux *process* ; il en va ainsi de l'évolution des organisations du travail, tout autant pour l'industrie que pour le service.

Mais il est des situations où l'engagement de la personne dans son travail et sa capacité à prendre sur elle pour réaliser son activité deviennent les conditions indispensables d'une bonne performance. Dans les activités de service, par exemple, la perception que le client se fait de ce pour quoi il paie se joue essentiellement dans la relation avec des personnes en contact. C'est la manière dont l'agent décide de traiter la demande du client qui va déterminer directement la qualité de l'opération. Dans la distribution, l'hôtellerie ou la restauration mais aussi les activités de soin, l'investissement personnel de l'agent dans son travail en fait la qualité, quels que soient les *process*, les formations ou les définitions de fonction. Dans toutes ces situations, les entreprises se trouvent, qu'elles le veuillent ou non, étroitement dépendantes des personnes.

Il faut même reconnaître que de nombreuses activités – les centres d'appel, la restauration collective, le service après-vente ou les intermédiaires financiers – mettent leur personnel dans des situations de plus en plus difficiles. On n'arrête pas d'affiner et de standardiser les modes d'organisation du travail pour accélérer le temps de traitement des problèmes. Ceci dit, on sait que dans ces activités, ce sont toujours les 10 % de cas exceptionnels ou non prévus qui prennent du temps et qui font *in fine* la réputation de l'entreprise. Les opérateurs sont donc chargés d'être des exécutants disciplinés des *process* dans 90 % des cas et des agents aguerris à la relation personnelle de service dans les 10 % restants. On met alors les personnes en question dans des situations inextricables : ce ne sont pas forcément les mêmes personnes qui sont capables d'une obéissance aveugle aux *process* tout en développant le sens de l'autre dans la relation de service… Comme consommateur, chacun a déjà fait l'insupportable expérience de l'appel téléphonique à une messagerie automatique qui vous décline la liste sans fin des possibilités qui ne correspondent jamais à votre demande jusqu'à obtenir après de longues minutes d'attente payante, un opérateur qui ne comprend rien à votre demande et n'a pas les compétences nécessaires à la réponse. Sans doute faudra-t-il attendre un ouvrage à succès venant des États-Unis pour que l'on s'intéresse à nouveau à la notion de service dans des secteurs qui se sont laissé griser par les possibilités des outils sans s'interroger sur les perceptions des clients ni les compétences des agents...

Même nos organisations actuelles ont besoin d'implication pour fonctionner efficacement. Pour surmonter les conflits inhérents à toute structure matricielle, pour faire fonctionner des équipes transversales, des groupes de projet, pour générer de l'autonomie efficace dans la direction de *business-units*, ce n'est pas seulement d'organigrammes dont on a besoin mais de l'implication des personnes. La séduction rationnelle face à l'esthétique des organigrammes n'est jamais suffisante pour emporter l'adhésion.

Que dire encore des situations de crise dont la solution ne réside pas seulement dans les idées géniales, les financements ou les *business-plans* mais plutôt dans la capacité des personnes à remettre en cause leurs modes de fonctionnement, à dépasser leurs habitudes et leurs craintes face à l'incertitude. Là encore, l'implication est une clé. Tout comme dans les problématiques de fidélisation qui reviennent au devant de la scène régulièrement : c'est cet attachement à une organisation, à une équipe, un manager qui vous rend plus ou moins sourd aux sirènes de l'extérieur ;

là encore le développement de l'implication ne relève pas seulement d'une attitude sociale vis-à-vis des personnes mais d'une véritable nécessité, quand l'implication des personnes fait partie intégrante du *business-model.*

PAS SI ÉTRANGE, L'IMPLICATION

Les définitions de l'implication sont nombreuses. Les débats théoriques ne manquent pas pour affirmer les dimensions de cette attitude au travail : affective, calculée, etc. Comme souvent en matière de sciences humaines, les concepts sont clairs pour tout le monde mais n'ont pas le même sens pour chacun. Devant tant de confusion, il n'est donc pas inutile de demander aux salariés eux-mêmes ce qu'a représenté pour eux une expérience de forte implication dans le travail. Si les définitions de l'implication sont nombreuses, peut-être aura-t-on plus de succès avec les expériences sensibles des personnes, si jamais elles ont quelque récurrence.

Une telle enquête auprès d'un échantillon très hétérogène de 1 829 salariés de tous niveaux hiérarchiques, tous secteurs d'activité, âges et formations donne les résultats suivants :

*   Pour **46 %** des répondants à qui il est demandé ce qu'ils ressentaient dans une situation de forte implication au travail, **l'implication évoque une thématique du concret**. Ils se rappellent un fort

sentiment d'utilité, ils voyaient ce qu'ils faisaient, comprenaient à quoi cela servait, ils avaient l'impression de réaliser, de contribuer. Personne n'a jamais répondu qu'en étant impliqué, il avait le sentiment… d'adhérer. Finalement, l'adhésion est sans doute une catégorie d'interprétation pertinente pour les sciences humaines mais pas un sentiment fortement ressenti ;

- **45 % des répondants évoquent le plaisir.** Ils parlent de satisfaction, de bonheur, même de joie. Si la notion de plaisir au travail étonne, c'est souvent qu'il est difficile d'imaginer ce que quelqu'un d'autre peut trouver comme plaisir à exercer son activité. Avec un minimum de lucidité, on sait ce que l'on y trouve soi-même, comme plaisir et comme déplaisir, mais il en va différemment de la considération de l'autre. Sans doute la raison en est-elle que l'on a finalement tous du travail une vision assez socialement convenue qui fait dire ce que serait, dans l'absolu, un bon ou un mauvais travail, un métier intéressant ou non. Il en va différemment quand on écoute justement les autres… D'ailleurs, une étude plus fine montre que c'est souvent l'histoire personnelle de l'autre qui permet de comprendre le plaisir qu'il y trouve, souvent plus que les simples conditions de travail du moment ;

- **38 % évoquent la tension.** En se rappelant l'implication dans le travail, ils se souviennent du stress, de la tension, de la pression, de l'urgence, parfois même de la peur, celle de ne pas y arriver, de ne pas être à la hauteur. Être impliqué, c'est souvent l'excitation de la réussite qui n'a d'égale en intensité que la peur de ne pas y arriver ;

◢ **30 % enfin évoquent de la fierté**. On est fier quand vous est renvoyée dans le travail une image de soi qui correspond à l'image idéale que l'on a de soi-même.

Mais si les personnes se retrouvent dans le travail, s'ils s'identifient à leur activité, encore faut-il savoir à quelle facette de cette expérience de travail ils le font. Le travail représente une expérience suffisamment multiforme pour qu'il soit nécessaire de savoir ce qui constitue ce lieu d'identification. En langage juridique, on pourrait parler des causes de l'implication comme on parle des causes d'un contrat. On peut en déceler cinq principales.

◢ **La valeur travail**. Des personnes s'impliquent dans leur travail parce que travailler est pour elles une valeur. Il ne faudrait pas se méprendre sur le sens de cette valeur devenue récemment un sujet de débat public. Plutôt que d'une adhésion béate au travail par rapport aux autres activités humaines, la valeur travail renvoie à quelque chose de plus simple, de moins pris en compte mais de plus prégnant : dans laquelle de ses activités la personne se voit-elle renvoyer l'image d'elle-même la plus valorisante, celle qui correspond le plus à son idéal ? Même si elle le déplore, c'est parfois dans son travail plutôt que dans sa famille que l'image la plus valorisante lui est renvoyée… ;

◢ **L'environnement immédiat**. C'est l'expérience que l'on vit au travail dans l'environnement le plus immédiat de l'ambiance, du relationnel au quotidien, dans le lieu de travail lui-même. Cette cause d'implication se trouve assez fréquemment chez les jeunes pour qui la qualité du relationnel offerte par le travail est une cause première (dans le temps) d'engagement personnel, en dehors même de l'entreprise, des tâches effectuées, voire même des conditions de travail ;

- **Le produit ou secteur d'activité.** On ne s'implique pas seulement dans son travail du fait de ce que l'on y vit. L'engagement vient parfois de ce que le travail permet d'être à l'extérieur. Appartenir à un secteur à forte notoriété et porteur de statut social (l'automobile, le luxe, les médias, par exemple), c'est souvent le moyen de gagner une position à l'extérieur du travail parce que vous intéressez les gens qui vous entourent… ;

- **Le métier.** Les gens impliqués dans le métier donnent beaucoup d'importance à leur domaine de spécialité ou d'expertise. Ce sont des professionnels pour lesquels l'appartenance à la profession constitue un lien plus fort que le groupe de travail ou l'entreprise ;

- **L'entreprise.** Bien évidemment, les auteurs définissent cette cause d'implication comme l'adhésion à des buts et des valeurs ainsi qu'une forte appartenance à l'institution. Plus concrètement, l'implication dans l'entreprise s'observe quand la personne se sent agressée par des discours négatifs sur son entreprise, quand elle ressent de la tristesse profonde au moment d'un échec de l'institution, quand finalement elle prend pour elle un événement qui arrive à son organisation. On s'aperçoit alors que l'implication dans l'organisation est plus présente qu'on ne le croit généralement.

Toutes les formes d'implication ont leur intérêt mais il en est une qui est particulièrement indispensable aux organisations d'aujourd'hui parce qu'elle constitue la véritable réponse aux besoins présentés plus haut : c'est l'implication dans l'entreprise. Face aux enjeux des organisations actuelles que les ouvrages de management ne cessent de présenter sous toutes les coutures, c'est là que se situe le vrai besoin.

FAVORISER L'IMPLICATION

Peut-on vraiment favoriser l'implication dans l'entreprise ? Comme souvent dans les problèmes humains, les solutions tiennent moins à des actions à entreprendre qu'à une façon d'aborder le problème. Comme pour l'entrée de la navette dans l'atmosphère, la résolution des problèmes de management tient surtout à l'angle d'attaque... Au moins deux idées devraient nous guider pour aborder les problèmes d'implication :

- Premièrement, il faut accepter l'idée que des personnes impliquées ne sont pas forcément disciplinées. On ne mesure pas l'implication dans l'entreprise au fait que les personnes font exactement ce que veut leur patron ou leur manager. Il est banal et normal pour tout responsable, que ce soit dans l'entreprise, le sport, les associations, voire la famille, de rêver le comportement des autres. Mais ce n'est pas parce que ceux-ci ne se conforment pas à vos rêves que, pour autant, ils ne sont pas impliqués. Nous avons souvent remarqué qu'un responsable, dirigeant, chef de service ou manager a tendance à sous-estimer le niveau réel d'implication de ses collaborateurs, que l'on peut mesurer par ailleurs. Il raisonne en binaire (ils sont ou non impliqués) alors que les personnes le sont beaucoup plus qu'il ne le croit. Il est donc utile de se poser plutôt la question de savoir dans quelle mesure ils sont impliqués et dans quel aspect de leur travail ils le sont ;

● Deuxièmement, il faut partir du principe que l'on n'implique pas des personnes mais qu'*elles* s'impliquent. La véritable responsabilité de l'entreprise ou du manager n'est donc pas d'impliquer les personnes et de s'évertuer à trouver la technique ou la méthode imparable pour atteindre cet objectif inaccessible. La vraie responsabilité est plutôt de s'assurer que sont remplies les conditions nécessaires à cette implication. Si celles-ci ne sont pas satisfaites, les personnes ne s'impliqueront pas mais si elles le sont, il n'est pas certain que l'on s'implique…

Il existe trois conditions d'implication :

● **La cohérence**. Comment quelqu'un pourrait-il s'impliquer s'il ne comprend pas, s'il ne dispose pas des repères nécessaires pour fonctionner dans sa situation de travail ? Il a l'impression que les organisations, les stratégies, les décisions changent tout le temps, de manière erratique, il ne perçoit pas de cohérence dans les discours, les actions, les comportements du management. On ne peut qu'être impressionné par les réactions souvent obtenues lors d'enquêtes d'opinion internes quand les personnes avouent leurs interrogations face au fonctionnement de leur institution dont elles peinent à voir le sens (même si ce dernier existe bel et bien pour l'observateur extérieur). De fait, comment pourrais-je me reconnaître dans un miroir brisé ?

● **La réciprocité**. Comment la personne s'impliquerait-elle dans une organisation si cette dernière ne s'engage pas vis-à-vis d'elle ? Dans l'implication il y a du donnant, donnant, du don et du contre-don, du *win-win*, quelle que soit la formulation que l'on préfère. Mais ce qui est échangé ne se réduit pas à de l'argent ou à des avantages, cela concerne aussi de l'affection, de la relation, de l'émotion, de la reconnaissance ;

● **L'appropriation**. Comment puis-je m'impliquer dans une entreprise si elle n'est pas un peu la mienne ? Ce sentiment d'appropriation ne résulte pas uniquement de la possession d'actions de l'entreprise, c'est plus simplement le sentiment de posséder *son* job, *son* projet, *son* atelier, *sa* machine, *ses* clients, etc.

LES « PETITS CHEFS », MEILLEURS ARTISANS DE L'IMPLICATION

Occupée à remplir en permanence ces conditions sans lesquelles les personnes ne s'impliquent pas, l'entreprise dispose de plusieurs approches pour le faire. La première qui vienne à l'esprit est de travailler sur les systèmes, les règles, les procédures, les *process*. C'est sans doute ce que l'on sait le mieux faire. Pour la cohérence, on peut affiner des systèmes de communication ou de partage de l'information. Pour la réciprocité, on n'aura jamais fini d'améliorer l'équité des systèmes de rémunération ou, plus largement, de rétribution, on affinera la gestion des carrières, l'évaluation des performances. Pour l'appropriation, on développera l'actionnariat, l'intéressement, on fera évoluer les organisations vers plus d'autonomie.

Mais cette action sur les systèmes n'est pas suffisante, peut-être d'ailleurs pas primordiale. Ceux qui peuvent le mieux remplir au quotidien ces conditions, ce sont les managers de proximité, ceux qui sont en charge de la relation managériale, du management de la relation et non celui des formulaires à remplir ou des systèmes d'informations à renseigner. Ce ne sont pas seulement les contremaîtres, les *first-line managers*, mais tous ceux qui exercent, quel que soit le niveau, une mission de management, depuis le président jusqu'au chef d'équipe. Les managers de proximité sont les acteurs clés pour assurer les conditions nécessaires de l'implication. Comment peuvent-ils le faire ?

En matière de cohérence

Ils occupent une position privilégiée pour aider les personnes à se faire une vision claire de ce qu'ils font et de leur contexte de travail. Le problème n'est pas tant de mettre tout le monde d'accord, comme certains s'évertuent à le faire, c'est plutôt de permettre à chacun, même s'il n'en exprime pas le besoin, de comprendre les tenants et aboutissants de son job. Évidemment, ce ne sont pas de lourdes campagnes de communication comme on sait les faire qui le permettent vraiment : au contraire, celles-ci produisent parfois l'effet inverse, tellement la suspicion survient à la première communication « groupe ». Mais au quotidien, à propos d'un événement ou d'une décision, une courte discussion permet de mettre en évidence la « rationalité » de ce qui se passe. Une fois encore, le problème n'est pas tant de faire « adhérer » tout le monde à une rationalité unique que de permettre à chacun de repérer le sens de ce qui se passe.

La communication est souvent considérée comme la solution à tous les problèmes. Pourquoi pas ! En la matière, le manager de proximité a surtout la possibilité d'assurer une communication très utile et importante en communiquant surtout quand ce n'est pas nécessaire... En effet, la communication ne paraît pas nécessaire quand tout va de soi, quand « cela va sans dire ». C'est justement à ce moment là qu'il faut dire ! S'il y a évidence, c'est que l'on partage des références communes. Il ne faut pas en rester au partage, il faut les échanger, ces visions communes. Plus on se répète des références communes quand cela va de soi, plus ces mêmes références deviendront crédibles face à des problèmes autrement plus importants. C'est ce que chacun fait avec les siens en leur exprimant régulièrement son affection : pourquoi le faire, ils le savent déjà ! La caractéristique majeure du couple, de la famille ou de la « structure affectivo-partenariale » (pour employer une dénomination résolument plus moderne), c'est que l'on n'arrête pas de se dire... ce que l'on sait déjà !

Voilà un des rôles principaux que peut jouer, parfois sans s'en rendre compte, le management de proximité. Il consiste au quotidien à discuter, évoquer les situations de l'entreprise, donner des clés sur des événements qui s'y produisent, même s'ils ne concernent pas directement l'unité de travail ou la personne. Dans certaines entreprises, on organise les « réunions 5 minutes », dans d'autres on a quasiment institutionnalisé le café du matin. Dans d'autres encore, les pauses constituent des moments de rencontre où les liens se confortent : échanger, ce n'est pas seulement se donner de l'information. Il est curieux de penser que pour certains accords sur les 35 heures, d'aucuns ont voulu rogner les pauses et les temps dits morts. Heureusement, c'est le genre de résolution qui ne tient pas longtemps, très vite le naturel revient et ces temps se reconstituent. Nombreux sont ceux qui ont fait l'expérience suivante : un voyage avec son patron direct, c'est du temps « perdu » dans les transports, à l'hôtel le soir, dans l'attente d'un rendez-vous... et les relations avec la personne ne sont alors plus jamais comme avant... Pour assumer ce rôle, il faut bien entendu que le manager n'ait pas qu'une préoccupation, celle de ses relations avec... son propre patron...

En matière de réciprocité

Le manager de proximité a également un rôle crucial. En effet, le donnant-donnant ne se joue pas seulement dans les rémunérations. Quand une personne considère que sa journée de travail valait le réveille-matin, cela s'est joué dans de la relation : dans un cas il y a eu harmonie, dans l'autre friction ou incompréhension. Ce qui vous empêche de vous endormir calmement le soir, ce n'est pas tant la rémunération à la faiblesse de laquelle on s'est malheureusement résigné, mais bien les expériences relationnelles difficiles de la journée. Or il faut remarquer que si quelqu'un parle de ses relations au travail, l'un des premiers dont on parle est le chef direct. Il est assommant ou fantastique, mais c'est à lui que l'on pense. En effet, il a le pouvoir de conserver auprès de lui, de séduire, au contraire de repousser et de rendre la vie impossible. On dit d'ailleurs fréquemment qu'en matière de fidélisation et de *turn-over*, c'est souvent la relation à un patron qui est déterminante.

En effet, la relation managériale n'est pas que de l'obéissance ou de la soumission, pas uniquement l'exercice d'une autorité, c'est, comme toute relation humaine, une relation qui peut – doit ? – être un échange. Une relation ne peut durer que si elle est mutuellement bénéficiaire. Le collaborateur attend quelque chose de son supérieur, comme ce dernier d'ailleurs...

En matière d'appropriation

L'appropriation ne tient pas qu'à l'actionnariat mais au processus assez mystérieux qui conduit quelqu'un à s'approprier son poste, son travail ou son projet. Quand on interroge des personnes sur leur carrière professionnelle, on s'aperçoit que les grands sauts ont souvent été suscités par une rencontre avec quelqu'un qui les pousse à faire des choses qu'elles n'imaginaient pas possibles. C'est là seulement, dans l'expérience, que l'on se rend compte de ses possibilités. Le développement des personnes passe d'ailleurs par là, quand on pousse quelqu'un à faire des choses qu'il n'aurait pas faites seul, qu'il n'avait pas envie de faire. On voit bien l'importance du manager de proximité, celui qui devrait exercer son esprit de finesse à repérer des potentiels, à mettre des gens sur leur bonne voie : la pédagogie en un mot. Aider quelqu'un à se développer ou à grandir, ce qui est souvent considéré par les managers comme la véritable source de plaisir de leur fonction, c'est peut-être la plus belle fonction d'un manager. Il est probable d'ailleurs qu'il se trouve dans la meilleure position pour le faire.

Montrer la cohérence de l'expérience de travail, assurer le donnant-donnant et développer les personnes, ce sont les rôles du manager de proximité qui favorisent l'implication. Cela se remarque encore plus dans des situations de changement où cette implication est nécessaire, comme nous l'avons dit plus haut.

Chapitre 2

« Petits chefs » et changement

Le seul vrai changement dans le management serait de ne plus parler de changement. Il est commun de dire que les entreprises sont confrontées à de très forts enjeux de transformation, comme jamais elles en ont connue. On disait déjà la même chose il y a 25 ans, et c'était probablement le cas avant. Le changement est ainsi partie intégrante de l'économie, de la vie humaine en général et cela ne le rend d'ailleurs pas plus facile. Mais le management et la gestion des entreprises se sont suffisamment professionnalisés pour en faire la problématique quotidienne de très nombreux agents au sein des organisations.

Le changement présente un étonnant paradoxe. D'une part, la nécessité en est reconnue, au point qu'il est devenu une véritable valeur. Nombreuses sont les enquêtes d'opinion montrant que les personnes sont en faveur de changements. Nous voudrions tous que notre entreprise, la société, le monde soient différents. Ne pas vouloir changer conduirait à être taxé de conservatisme, de rigidité, de fossilisation, autant de formulations pas très valorisantes. Mais quand le changement se présente, on en perçoit généralement toutes les tensions. Incertitude, crainte, sentiment de menace, peur sont autant de sentiments liés au changement quand vous allez devoir modifier vos façons de faire, quand d'autres souvent l'ont décidé pour vous et que vous connaissez tellement d'exemples où le changement s'est traduit par plus de pertes que de gains.

QUAND LA NÉCESSITÉ DE CHANGER
NE SUFFIT PAS

Pourtant la plupart des changements menés par les entreprises aujourd'hui sont bien compréhensibles, voire indispensables. Il s'agit de maintenir une position concurrentielle sous peine de se voir emporter par la compétition, améliorer la qualité des *process*, développer des organisations efficientes, s'assurer de disposer de l'implication minimale des personnes pour que le travail soit réalisé convenablement. Sans même parler du changement nécessaire des produits ou services offerts si l'on veut continuer de les vendre… Cette nécessité du changement et son contenu sont le plus souvent étayés par une rationalité économique imparable, mise en scène par d'intelligents rapports de diagnostic et des présentations « power-point » dont la qualité graphique n'a d'égale que la rigueur logique des propositions et schémas de changement conseillés.

Dans les entreprises, cette rationalité des changements nécessaires ne fait que se renforcer au sein d'équipes dirigeantes qui, le plus souvent, fonctionnent assez bien. Dans beaucoup d'entreprises, ces équipes font plaisir à voir, elles rassemblent des personnalités choisies qui partagent souvent un même diagnostic du présent et une même vision de l'avenir. Ces équipes fonctionnent tellement bien qu'elles avancent plus vite que tout le monde sur le

chemin du changement. Ce sont de véritables loco-
motives. Et tout le monde sait que la locomotive
roule encore plus vite quand elle est séparée des
wagons... C'est un phénomène bien connu de voir
une équipe dirigeante avancer si vite dans sa direction en n'imaginant même plus que le reste des
troupes ne suive plus.

Dans cette entreprise cotée, ce phénomène était
impressionnant. Curieusement et pour des raisons
qu'il serait trop long d'expliquer, la direction était
constituée de trois personnes très complémentaires.
Outre le patron principal actionnaire, il y avait un
directeur des opérations avec une forte expérience
commerciale et une troisième personne chargée de
l'administration et des finances. À voir travailler ces
trois personnes, il était vite évident qu'elles passaient
beaucoup de temps sur elles-mêmes, leurs relations,
l'ajustement assez harmonieux de leurs projets.
Mais ce travail apparemment assez confortable se
payait au prix de l'oubli du reste de l'entreprise, du
terrain, du principe de réalité du fonctionnement quotidien dans les ateliers et les entrepôts. Bien
entendu, ils demandèrent conseil pour pouvoir mieux
fonctionner. Quand la réponse fut qu'ils devaient
avant tout s'ouvrir sur le reste de l'entreprise et
apprendre à mieux fonctionner avec les wagons, que
la solution ne serait ni d'agir sur les wagons seuls, ni
de renforcer encore la puissance de la locomotive, il
y eut beaucoup de déception et ils se lancèrent...

dans une enquête d'opinion suivie de séminaires de management pour les « wagons ».

LE CHANGEMENT ET SES NIVEAUX D'ACTION

Quand il s'agit de développer des processus de changement dans les entreprises, les actions entreprises se rangent généralement dans trois grandes catégories. La première est une action sur les références, c'est-à-dire la stratégie, les valeurs, les chartes ou autres référentiels permettant de partager un diagnostic ou de brosser quelques directions d'évolution. La deuxième catégorie d'actions concerne les systèmes : on agit sur les organisations, on change les systèmes d'informations, on met en place outils, règles, procédures ou dispositifs nouveaux. Mais il est une troisième catégorie qui ne peut être laissée de côté, c'est la relation managériale, c'est-à-dire les actions sur la manière même dont les managers fonctionnent avec leurs collaborateurs directs, c'est-à-dire la dimension relationnelle de leur fonction de management.

Les réussites en matière de changement montrent que ces trois niveaux d'action doivent être sollicités et qu'il existe une grande cohérence entre les différentes actions entreprises à ces trois niveaux. Ainsi tout changement ne pourrait vraiment se mettre en œuvre que si la relation managériale n'en tenait pas compte et si la maîtrise de cette relation ne se faisait pas de manière cohérente avec les systèmes mis en place ou les valeurs que l'on cherche à renforcer.

En matière de systèmes d'informations, par exemple, il ne suffit pas d'un système intégré de gestion techniquement satisfaisant pour fonctionner efficacement ; encore faut-il, tout simplement, que les managers entrent les données, fassent fonctionner des *process* selon leur esprit et pas seulement selon la lettre. Bien entendu tout le monde sait que les managers doivent s'engager dans ces changements pour qu'ils fonctionnent mais on a parfois tendance à considérer qu'ils vont continuer de réagir comme les bons grognards, ceux qui appliquent toutes les prescriptions en râlant, certes, mais en faisant. On considère qu'ils ne peuvent qu'être du côté du management supérieur et appliquer avec discipline…

Il ne faudrait pas croire non plus que tout changement ne dépende que des managers, comme si leur responsabilité et leur engagement suffisaient. C'est la tentation de l'« arrière », quand on fait porter aux soldats de première ligne la responsabilité totale de la réussite d'une opération. Par exemple, les discours sur l'autonomie et la responsabilité sont tellement répandus et convenus que l'on fait peser de lourdes responsabilités sur les managers de *business-units*, comme s'ils pouvaient être maîtres de tout. Le problème, c'est que, parfois, ces managers essaient d'en prendre sur leurs épaules plus qu'ils n'en peuvent supporter et cela explique alors le *burn-out*, la rupture ou le désir soudain d'évoluer le plus vite possible vers des fonctions d'expert solitaire.

LE CHANGEMENT ET LE RÔLE DES « PETITS CHEFS »

Les promoteurs des changements importants appartiennent souvent au management supérieur, celui des sièges sociaux ; ces managers mènent des carrières bien particulières dans les grandes organisations, avec beaucoup de mobilité. Leur mission consiste à exercer leur talent dans l'analyse d'un problème, la proposition de dispositifs d'action et leur mise en œuvre. Ces acteurs du changement accaparent d'ailleurs le succès éventuel de ces dispositifs, ils ne sont parfois plus là pour en constater les échecs, tellement leurs carrières sont rapides. Certains considèrent même que ces changements se pratiquent malgré la résistance au sein de l'organisation et en particulier malgré celle des managers de terrain qui feraient tout pour maintenir les choses en l'état.

Plusieurs études montrent que ce n'est pas vraiment le cas et que les managers de terrain seraient en fait les véritables acteurs du changement, ceux qui le rendent possible. Les plus beaux projets ne seraient rien sans eux. Aucun dispositif, quelle qu'en soit la nécessité ou la pertinence, ne se mettrait en place si cet encadrement de terrain ne jouait un rôle indispensable et remarquable.

Quelles sont les caractéristiques de ce management de terrain, ceux que l'on appelle généralement les « petits chefs » ? Tout d'abord, c'est un management relativement stable. Il a une bonne connaissance du terrain, des personnes et il sait qu'il a toutes les chances de demeurer en place bien après le départ des managers « d'en haut » les initiateurs des changements qui lui sont soumis. Deuxièmement, c'est un management de relation au quotidien, qui représente, pour de nombreux salariés, la direction de l'entreprise mais surtout sa continuité à côté des nombreux bouleversements auxquels on ne comprend pas toujours grand-chose. Troisièmement, ces managers jouent un rôle triple dans la mise en œuvre des changements pour en assurer le succès.

🖉 **Ils traduisent les changements.** Certes, les dispositifs sont écrits en langage à peu près clair mais eux seuls savent les mettre en des mots qui prennent un sens pour les personnes, en fonction de leur expérience de terrain. Quand on met en place un nouveau système d'information ou quand on communique sur une nouvelle stratégie, encore faut-il que quelqu'un décode le message pour comprendre en quoi l'entité en question est concernée. Il existe toujours un certain paradoxe dans la manière dont le terrain reçoit le changement. Généralement, les dirigeants, avec l'aide de consultants talentueux, ont passé un très long temps à élaborer de nouveaux systèmes. Ceux-ci prennent au final la forme de quelque *slides* dont la brièveté et le sens pédagogique sont certains mais qui ne peuvent communiquer le long processus qui y a conduit. Il est souvent nécessaire de faire un gros travail de traduction, d'explication, de réécriture à la mesure du terrain pour que le projet prenne tout son sens ;

- **Ils adaptent les changements.** Tout changement venu du haut ne peut régler dans tous les détails l'ensemble des modalités d'application et de mise en œuvre. Il est obligatoirement nécessaire de transformer des principes, voire des modalités générales, en dispositifs appropriés au terrain. Les managers doivent assurer ce rôle un peu secret mais sans lequel le changement ne peut pas réellement se mettre en œuvre étant donné qu'en haut, on ne perçoit pas ce besoin et on vit même avec l'illusion que tout a pu se mettre en place selon le plan indiqué. Tout le monde sait bien que ces adaptations se font en secret, sans crier gare, sans revendiquer une participation au processus de décision, voire à la gestion du projet de changement ;

- **Ils sont un tampon.** C'est le troisième rôle important des managers de terrain sans lequel aucun changement ne se mettrait en œuvre. Tout changement provoque beaucoup d'incertitude, de tensions et de fortes émotions. Le manager de terrain est là pour contenir ces émotions, éviter qu'elles ne débordent et qu'elles remettent en cause l'ensemble du processus. Tous ceux qui subissent dans leur

quotidien l'impératif du changement ont besoin de
quelqu'un à qui exprimer leurs difficultés sans
qu'elles ne perturbent l'ensemble du dispositif ;
c'est au management de terrain que revient ce rôle
délicat.

En fait, le rôle principal des managers de terrain,
leur réelle participation au processus de changement, se situe dans la régulation des émotions.
Leur apport ne tient pas tant au contenu du changement qu'à la prise en compte de ces émotions.
Quelles sont-elles ? Bien entendu, le changement
est générateur d'incertitude et de peur face à l'avenir, de regret d'abandonner ce que l'on a toujours
fait, que l'on sait bien faire, que l'on prend de la
satisfaction à faire. Les tensions tiennent aussi au
fait que le changement donne l'impression d'avoir
été décidé ailleurs, et l'on ne comprend pas toujours pourquoi les autres ne changent pas plus vite,
par exemple ceux qui initient les changements en
cours. Mais sans doute en est-il une autre sorte à
laquelle on ne prête pas assez d'attention : quand
on met en œuvre un changement, l'activité doit
continuer normalement, les clients doivent être ser-
vis, la production assurée. Cette difficulté à changer tout en continuant à fonctionner provoque des
tensions que les initiateurs du changement, préoc-
cupés de leur projet, ne prennent pas forcément en
compte.

Les émotions sont très diverses (peur, joie,
colère, etc.). Elles correspondent à un déterminant

majeur de nos comportements. Peut-être faut-il préciser quelques éléments les concernant. Premièrement, il ne faut pas confondre l'émotion et le contrôle émotionnel. Tous les êtres humains ont des émotions, leur mode de contrôle peut varier d'une personne à l'autre ou d'une culture à l'autre. Finalement, quand certaines situations semblent être exemptes d'émotions, c'est souvent qu'on ne sait pas les repérer : c'est le cas dans des situations de changement où les choses semblent se passer sans débordement émotionnel. Deuxièmement, il faut se rappeler que les émotions s'apprennent : on a aujourd'hui des émotions que l'on n'avait pas il y a quelques années ; les émotions dans le travail ont été apprises, cela ne devrait jamais être oublié quand on parle de changement, de vie au travail. Dernier élément à se rappeler sur les émotions : elles découlent souvent de la satisfaction ou de la non-satisfaction de besoins. Tous ces besoins sont fortement concernés par une démarche de changement : celui d'acquérir, parce qu'au changement correspondent des modalités de travail, des avantages, des inconvénients ; celui de relations, parce qu'elles sont mises à mal dans la mise en œuvre des chantiers ; celui de sécurité, bien entendu, pour des raisons évidentes ; mais surtout celui de comprendre, ce besoin de cohérence qui est mis à mal quand des changements surviennent dont on ne voit pas toujours clairement les origines et les finalités.

Il apparaît donc que le rôle irremplaçable joué par le management direct est de réguler ces émotions, faire en sorte qu'elles s'expriment et se régulent correctement. Les managers directs sont avant tout présents, ils incarnent le lien permanent que peuvent avoir les salariés avec leur entreprise. Ce sont eux qui sont capables de donner du sens à ce qui se passe, à tout simplement expliquer ce qui se passe ; ils peuvent écouter les tensions qui apparaissent, les prendre en compte, les reconnaître ; ils peuvent recevoir tout ce qui a besoin de s'exprimer dans des situations de tensions. Ils ont eu une relation suffisamment longue avec les personnes pour avoir gagné, dans le meilleur des cas, la crédibilité nécessaire. Ce sont eux qui, dans des processus globaux de changement, peuvent redonner une place à la situation personnelle de chacun. Tous ces rôles, ils les exercent en étant présents, en discutant, en écoutant, en menant des actions banales, invisibles, discrètes mais indispensables. C'est sans doute pour ces raisons que l'on n'a peu tendance à reconnaître ce rôle, c'est le plus invisible. Quand un changement a été mis en œuvre, on récompense ceux qui l'ont décidé, sans s'occuper de ceux qui l'ont effectivement rendu possible.

LES « PETITS CHEFS »,
DES RÉGULATEURS D'ÉMOTIONS...

Ce rôle reconnu enfin aux managers directs ne remet absolument pas en cause la nécessité de processus de changement rigoureusement définis et mis en œuvre. Il met simplement en évidence que le changement vise *in fine* à faire évoluer des comportements individuels. Or nos comportements sont beaucoup déterminés par nos émotions. Un cardinal âgé, brillant intellectuel, répondait la chose suivante à un intervieweur qui s'émerveillait de la qualité des livres et la fécondité intellectuelle dont il faisait encore preuve : « Vous savez, le matin, quand je me réveille, c'est la chair qui se réveille en premier... » Il disait par là que les premières à se réveiller, ce sont les émotions, c'est la douleur de l'arthrose qui vous fait vous demander si vous parviendrez à vous mettre debout, à rejoindre la salle de bains, à faire quelques pas. Bien après, la rationalité de l'intellect se met en place et vous pouvez revenir à la question des prémisses heideggeriens d'une onto-théologie appropriée au siècle d'internet...

Cela signifie que dans les processus de change-ment, c'est cette action de régulation des émotions qui va avoir un impact majeur sur la réussite du pro-cessus. On pourra alors convenir qu'il ne suffit pas « d'expliquer aux gens », de communiquer lourde-ment quand un changement est à l'horizon. Ces illusions sur la communication postulent qu'avec une bonne explication, les personnes vont certainement comprendre, donc adhérer, donc agir conformément. C'est une illusion. Ce n'est pas parce que l'on m'explique que je comprends, je peux comprendre sans adhérer, je peux encore plus adhérer sans agir conformément, sans appliquer. Il est une fonction de l'entreprise qui a mis en évidence depuis longtemps l'importance des émotions, c'est la fonction commerciale. En matière de management, on ferait bien d'être aussi subtil que les commerciaux…

En conclusion, on pourrait se demander pourquoi ce rôle des managers directs n'est pas plus reconnu, pourquoi on ne les voit que comme des freins, des empêcheurs de changer en rond. Pourquoi sont-ils dépeints d'après des caricatures de leur rôle alors que leur action, certes pas toujours bien exercée, sur la continuité des organisations, n'est pas mise en valeur… Est-ce parce que c'est une population que l'on estime vouée à la cause, comme une sorte de régiment de grognards fidèles avec lesquels il est inutile de passer du temps ? Est-ce parce qu'ils pourraient entrer en concurrence avec d'autres acteurs, les managers du siège, les consultants, parce qu'ils en connaissent un bout, même sans en faire état ? Ne serait-ce que pour toujours faciliter ces processus de changement, on a décidément besoin de revaloriser cette catégorie de managers.

Chapitre 3

« Petits chefs » et management « moderne »

LA RÈGLE DES TROIS UNITÉS
DU MANAGEMENT DE PROXIMITÉ CLASSIQUE

L'implication des personnes et la facilitation des processus de changement peuvent apparaître comme des problèmes de management très classiques, le genre de questions éternelles dont on aurait déjà pu discuter au siècle dernier. On pourrait alors en déduire que cette préoccupation du management de proximité relève d'une approche ancienne du management qui ne correspond plus à la réalité managériale des organisations d'aujourd'hui. À toutes les époques on a cru que le fonctionnement des organisations était devenu radicalement nouveau, reléguant au musée du management les problématiques anciennes.

Il est vrai que la conception assez classique du management qui a irrigué les théories et les pratiques depuis longtemps reposait sur des hypothèses tellement implicites qu'elles en devenaient invisibles. Il existait une sorte de règle des trois unités comme celle de la tragédie classique. En premier lieu on trouvait l'unité de lieu quand le supérieur et le collaborateur sont situés au même endroit : c'était le cas quand le manager occupait un bureau près du collaborateur ou dans l'espace vitré dominant l'atelier. Cette unité de lieu permettait de sentir en permanence la présence du supérieur, elle donnait aussi la possibilité à chacun de se reporter à son patron quand nécessaire.

La seconde unité concernait l'origine et le parcours des deux acteurs. Ils avaient souvent suivi le même parcours, dans l'entreprise, le métier ou la filière professionnelle, partageant de ce fait des valeurs professionnelles communes, même s'ils n'avaient pas le même niveau de responsabilité. Certes tout le monde déjà ne suivait pas le même parcours de carrière mais la différence entre les niveaux ne paraissait le plus souvent pas insurmontable. Il faut dire que les organisations pyramidales classiques comportaient beaucoup plus de niveaux qu'aujourd'hui, après le passage au laminoir des hiérarchies traditionnelles...

La troisième unité concernait leur perspective de carrière. L'un comme l'autre, le collaborateur et le chef voyaient leur avenir par rapport à un éventuel passage au niveau supérieur. Ils se situaient sur la même voie de carrière, même s'ils n'occupaient pas la même position ; ils géraient l'un comme l'autre le même genre de relation avec leur propre supérieur.

Pour certains, le management aujourd'hui serait très différent. En ce qui concerne la première unité, de plus en plus de personnes n'auraient qu'un chef lointain, situé parfois à des milliers de kilomètres. C'est le cas du management à distance, quand de nombreuses activités imposent aux employés d'être toujours chez des clients, sur le terrain où ils effectuent de la maintenance ou des opérations diverses. Le rapport avec le manager est alors épisodique, aléatoire, calé autour de rencontres obligées sur l'évaluation des performances ou le traitement de problèmes personnels. Mais cette unité de lieu ne paraît même plus nécessaire si les *process* sont clairement définis et si chacun, en professionnel, a appris ce qu'il devait faire et s'exécute avec discipline. Le chef est-il tellement nécessaire ?

L'unité de parcours est aussi souvent inexistante parce que le responsable appartient à une autre profession, il a suivi une autre formation, avec donc une autre vision du travail. C'est le cas des situations de projet ou des équipes transversales, quand le coordonnateur possède, presque par construction, d'autres valeurs professionnelles. On trouve aussi cette situation quand on a fait du management de proximité une activité à part, spécifique : c'est le cas à la SNCF, par exemple. Des jeunes diplômés qui n'ont pas effectué le long parcours traditionnel de terrain se voient confier le management de proximité des contrôleurs ou des conducteurs. Il leur est parfois difficile de se créer toute la légitimité que requiert le bon exercice de leur mission.

Quant à la troisième unité, elle met en rapport des personnes qui n'ont plus les mêmes perspectives de carrière, qui ne se situent pas tout à fait dans la même relation managériale avec un supérieur. C'est le cas d'un manager de terrain dont le patron direct, au siège social, mène une carrière radicalement différente, faite de mobilité horizontale dans différentes fonctions pour apprendre la globalité d'un métier qui se situe dans le parcours de hauts potentiels très étroitement gérés. Pour le manager de terrain, il ne lui est offert que de continuer de progresser à l'intérieur d'une filière, comportant d'ailleurs moins de niveaux hiérarchiques à occuper.

Au-delà de ces trois unités, le management de proximité d'aujourd'hui semble se caractériser par une durée plus courte de la relation managériale. On avait un seul chef et pour longtemps, on en a plusieurs au sein d'organisations matricielles et ils changent plus souvent parce que la mobilité a été considérée comme une nécessité de bonne gestion des ressources humaines. Le manager devient un repère peu stable. Cela ne semble d'ailleurs pas être un problème puisque les mobilités donnent le tournis ; on en arriverait même à l'idée des « managers de type internet », en ce sens qu'il n'est plus considéré comme indispensable : il suffit de l'avoir quand on en a besoin, comme on le fait des informations que l'on cherche sur la toile à chaque fois que le besoin s'en fait sentir. D'ailleurs il faut bien reconnaître que le temps passé au travail, fortement réduit et soumis aux conditions particulières d'utilisation de sa RTT, rend la relation managériale moins permanente ; elle prend beaucoup moins de place dans une existence, elle en deviendrait presque secondaire. En effet, entre mes vacances, mes

RTT et celles de mon chef, on a finalement de moins en moins de chances – de risques ? – de se rencontrer… Et il est évident que les *process* ont fait tellement de progrès que l'on imaginerait presque ne pas en avoir vraiment besoin.

« PETITS CHEFS »
ET MANAGEMENT À DISTANCE

Examinons plus en détail certaines de ces innovations dans la relation managériale. Le management à distance est de plus en plus fréquent. Il concerne évidemment la distance géographique parce que son patron direct, celui qui répond de vous, vous évalue, gère votre carrière, se trouve éloigné physiquement. C'est le cas dans de grandes organisations aux multiples établissements, dans le secteur du service de proximité, par exemple, où le nombre d'entités est élevé et le nombre de niveaux hiérarchiques très faible. Dans cette situation, le manager ne se trouve plus dans la situation traditionnelle du bureau vitré à l'étage supérieur ; les rencontres deviennent épisodiques. Le développement des organisations matricielles, avec cette perception d'une multiplicité de chefs, accroît également ce sentiment de distance : ces managers qui interviennent dans la situation de chacun sont finalement toujours ailleurs.

Bien entendu, on a un besoin réel de ce mode de fonctionnement et les outils de communication donnent même l'impression qu'il est possible. On croit en effet qu'avec eux la relation est toujours possible et que le contact peut se faire à tout moment, en dépit de la distance. Ils permettent de réduire d'autres formes de distance qui sont tout aussi importantes, comme la distance culturelle. Les outils, la formalisation des modes de travail aboutissent à une standardisation des interactions managériales nécessaires pour en faire une activité de routine comme les autres.

Les managers à distance trouvent souvent beaucoup d'intérêt à ce mode d'exercice de leur mission de management. Pour ce patron international qui manage des directeurs d'usine à travers l'Europe, cette formule lui permet de faire un « vrai » management. Il peut décider des jours qu'il va passer avec ses collaborateurs directs, leur rendre visite, passer du temps avec eux, les inviter à dîner le soir pour parler de manière plus personnelle, sans se demander au demeurant si le collaborateur n'a pas d'autres plans pour la soirée... En fait, la situation de management à distance procure ce sentiment assez satisfaisant de « maîtriser la relation managériale ». Je manage quand je le décide et pas quand les collaborateurs forcent mon bureau pour me poser leurs problèmes, pour m'imposer des problèmes de management quand j'ai d'autres choses à faire. Si l'on transposait cette façon de voir en milieu familial, on sait ce que donnent des résolutions du genre : « Allez vendredi je passe une heure avec mes enfants de 18 à 19 heures... » Pas de chance, ils jouent sur leur ordinateur à cette heure-là et vous ne les intéressez pas beaucoup... le samedi après-midi pendant votre match de rugby à la télé, c'est autre chose, quand ils viennent vous chercher pour une balade.

Bien évidemment, la perception des « managés » peut être différente. Il est incontestable que le management à distance a ses avantages, le même qu'il y a pour certains à travailler la nuit : il n'y a pas de chef. C'est vrai qu'on a l'impression d'avoir plus d'autonomie, d'être tranquille. Mais les managés disent aussi qu'ils n'ont pas forcément de sujets à discuter lors des visites ; la « dramatisation » et la programmation des rencontres poussent à ne parler que des problèmes importants de carrière, de rémunération ou de changement ; ce sont des discussions capitales, préparées, où chacun connaît l'enjeu puisqu'il n'y aura pas d'autre possibilité pour les trois mois qui viennent. Mais le problème de ces relations, c'est qu'elles adviennent parfois à des moments qui ne sont pas les plus pertinents, elles concentrent sur des problèmes forts. La relation managériale s'éloigne alors du vécu quotidien, parfois difficile, mais qui ne paraît pas avoir sa place lors d'un entretien programmé. Il y a tellement de moments où, si l'occasion se présentait, un contact serait utile, mais le manager est loin, il ne peut

© Éditions d'Organisation

prendre l'initiative, il n'est pas joignable ou, encore, la mauvaise communication sur un portable grésillant n'aide pas. Il y a des sujets dont on parlerait facilement lors d'une rencontre improvisée mais pour lesquels on ne prendra pas son téléphone.

Une entreprise avait généralisé le travail à domicile en utilisant toutes les bonnes raisons que l'on connaît bien : les gens pourront tranquillement travailler de chez eux, devant leur jardin, sans la contrainte des transports et de la vie de bureau, ils gagneront de l'autonomie dans l'organisation de leur travail et, *last but not least,* cela permettra à l'entreprise de réduire son coût immobilier. D'ailleurs tout le monde fut très satisfait de l'expérience durant les premiers mois. Très vite la situation devint plus critique parce que chacun dans son coin se demandait ce qui se passait au siège. Qu'est-ce que je vais devenir, quelles sont les stratégies personnelles que mènent les autres ? Est-ce que je ne devrais pas circuler plus souvent dans les couloirs ? Très vite on vit les personnes passer plus de temps au bureau, traîner dans les couloirs et l'expérience se termina…

C'est sans doute pour cette raison que la plupart des ouvrages ou des conseils sur le management à distance conduisent toujours aux mêmes conseils ultimes : pour réussir le management à distance, il faut développer du management de proximité… Le management de proximité redevient un problème, il s'agit de créer des occasions, les moins artificielles possibles, pour recréer un mode de vie ensemble. C'est ce qu'expérimentent beaucoup d'entreprises avec leurs commerciaux : on doit développer une grande imagination pour attirer régulièrement les commerciaux au siège afin de leur faire partager quelque chose, malgré la pression du marché et des clients. Conventions, séminaires, *briefings, debriefings* sont autant de moyens de créer... du lien, de la proximité, même si les impératifs du business immédiat ne l'imposent pas.

« PETITS CHEFS » ET MANAGEMENT DES « DIVAS »

Le management des professionnels, des « divas », est une autre situation actuelle où la nécessité même du management ne semble pas toujours aller de soi. Les professionnels sont généralement attachés à leur domaine d'expertise, leur savoir-faire professionnel, leur maîtrise d'une technicité qui leur donnent une identité en les différenciant des autres. Ces experts ont souvent l'impression de se suffire à eux-mêmes et l'idée même d'avoir un manager semble bien inutile, si ce n'est pour rendre quelques services annexes.

En les comparant à des « divas », on met en évidence plusieurs de leurs caractéristiques. La première est qu'ils se considèrent eux-mêmes comme tels : c'est pour cette raison qu'il y en a de plus en plus dans nos organisations. La seconde, c'est

qu'ils paraissent, pour les autres, en avoir la sus-
ceptibilité, l'égocentrisme et les caprices. La troisième caractéristique, c'est leur conviction que leur
réussite ne dépend que d'eux, de leur technicité et
de leur expertise, et peu de l'environnement ou de
leur institution. La quatrième caractéristique est de
fonctionner selon un ensemble de valeurs professionnelles (plutôt que d'entreprise ou d'unité de travail) qu'ils considèrent comme étant d'un ordre
supérieur aux « valeurs » de fonctionnement quotidien de l'entreprise : les préoccupations budgétai-
res sont bien secondaires pour l'artiste !

Les « divas » n'estiment généralement pas avoir
besoin d'un manager, il ne leur faut que quelqu'un
pour répondre à leurs besoins au moment où elles
les expriment. Mais, souvent, les organisations
mêmes se demandent si le management est vraiment nécessaire puisqu'il est clairement si difficile.
Il ne serait pas surprenant qu'une étude minutieuse
des managers (malgré eux) de « divas » révèle souvent de la crainte vis-à-vis d'elles : du haut de leur
art, elles ont vite fait de vous renvoyer dans le cagibi
obscur de vos préoccupations opérationnelles… Or
les études menées sur de tels groupes (groupes de
projet, par exemple, management des « travailleurs
de la connaissance ») montrent que le management
est fondamental. Il requiert des qualités rares.
Il exige des managers d'être sensibles aux « divas »
et à leur affectivité, même si celles-ci ne leur donnent pas la moindre reconnaissance. Ils doivent être

attentifs à tout ce qui ne manque pas de se produire dès que vous mettez des personnes ensemble : problèmes relationnels, affectifs, conflits, jalousies, tentatives de séduction, tout simplement l'humain. C'est d'autant plus difficile que les managers de « divas » doivent privilégier cet aspect ingrat au détriment de leur intérêt pour la tâche et de la satisfaction opérationnelle qui l'accompagnerait. Enfin, ces managers sont indispensables parce qu'ils doivent « vendre » les « divas » à l'extérieur, les promouvoir.

Dans le cas des « divas », le problème n'est pas l'absence de management, c'est d'exiger des compétences encore plus difficiles à avoir que dans les situations du management classique.

« Petits chefs » et réseaux

Il a encore été affirmé que nos organisations pourraient se transformer en réseaux d'individualités, non liées à l'organisation par un contrat de travail. Les personnes seraient des indépendants, travaillant à la tâche contractuellement négociée. Le travail collectif résulterait alors de l'addition de ces arrangements contractuels. Les travailleurs seraient indépendants, l'entreprise n'aurait plus à les gérer, seul leur contrat mériterait quelque attention. Dans la réalité, le fonctionnement de ce bel agencement est plus complexe qu'il n'y paraît. Bien entendu, tout fonctionne bien à court terme mais, dans la durée, les liens se tissent, les attentes se développent, les conflits apparaissent aussi avec leurs menaces, chantages, chausse-trappes. Il apparaît alors que la gestion des contrats de type commercial n'est en rien plus facile que le lien de subordination. Tout marche bien quand les composantes du réseau peuvent fonctionner ensemble sur des tâches simples, requérant des compétences facilement disponibles sur le marché. Dès que la rareté ou le besoin d'une compétence à coopérer longue à acquérir apparaissent, on retombe dans les problèmes voisins de ceux du lien salarial, à la seule différence que ce ne sont pas les mêmes avocats qui profitent des litiges. Les tenants de ces modes d'organisation en viennent alors à mettre en évidence l'importance de la création sur le long terme de véritables partenariats entre ces acteurs et l'entreprise… et l'on en revient vite à l'idée finalement banale que même un réseau a besoin d'être animé, dynamisé, géré. La seule différence, c'est que ce management s'exerce dans des conditions encore plus difficiles quand on ne dispose plus du soutien de la rationalité et de la légitimité des hiérarchies ou des structures.

« PETITS CHEFS » ET CRISES

Les théories du management sont souvent attentives aux événements qui secouent les entreprises en posant de réelles questions sur leur fonctionnement quotidien. Toute grande crise, quelle qu'en soit la nature, conduit à s'interroger sur les moyens de faire face à l'événement. Il en va ainsi pour une crise environnementale vécue par l'entreprise, pour la découverte des turpitudes de sa direction dans sa gestion financière ou pour une chute brutale d'activité, etc. Ces événements ne sont jamais simples, ils font vaciller l'entreprise sur ses fondations. Là encore, on s'aperçoit vite qu'au-delà des règles de communication et des conseils juridiques, c'est l'existence et la qualité d'un management au quotidien qui facilite la « résilience ». Évidemment, le management par les *process* écarte l'éventualité de tels événements mais quand ils se produisent, dans un monde économique ou sociétal de moins en moins protégé, on s'aperçoit que la profondeur des liens que ce management quotidien contribue à tisser permet au final de surmonter le moins mal possible les difficultés.

LE BESOIN ACCRU DU MANAGEMENT DE PROXIMITÉ OU LA THÉORIE DU BALAI

Il y a un point commun à toutes ces situations de management « moderne ». C'est que l'on demande moins aux managers de faire des choses précises, de manier des outils sophistiqués, que d'être présents et d'assumer cette relation au quotidien. Pour rester dans la comparaison sportive, le manager ne doit pas forcément singer les attitudes de l'entraîneur

© Éditions d'Organisation

vociférant dans les vestiaires ou du coach aussi charismatique qu'énigmatique qui grille cigarette sur cigarette sur le banc de touche. Il est une figure de sportif méconnu qui est beaucoup plus utile et éclairante sur le rôle de manager, c'est celle que l'on trouve dans ce sport trop injustement négligé qu'est le *curling*. Tout le monde a connu, à chaque olympiade d'hiver, la tension extrême qu'offre ce sport. C'est une sorte de pétanque sur glace, à la différence près qu'il s'agit ici de faire glisser une pierre sur la patinoire pour l'approcher le plus près possible d'un palet. Finalement, le manager classique, c'est celui qui intervient auprès de ses collaborateurs comme le sportif qui lance la pierre. Le manager moderne de ce chapitre est plutôt celui qui tient le balai. Il frotte vigoureusement la glace pour la faire fondre superficiellement et faciliter ainsi la progression de la pierre. Il ne touche jamais la pierre mais son action permet à celle-ci d'atteindre son but. Il ne semble pas avoir le plus beau rôle avec son balai de crin, mais sans lui, pas de victoire. Il rend les choses possibles, il ne fait rien « sur » la pierre.

Chapitre 4

Comment peut-on être manager de proximité ?

La plupart de ceux qui deviennent managers de proximité ont voulu l'être. La meilleure preuve, c'est qu'ils ont accepté la proposition, même s'ils disent par la suite ne pas avoir eu de choix, avoir dû répondre à la sollicitation des collègues ou s'être soumis à une décision dont le refus n'aurait pas été compris ou dommageable pour la suite de leur carrière. Il est normal de se trouver toutes sortes de raisons mais le résultat est là : on n'a pas pris en charge cette mission sous la menace d'un fusil. On a accepté de le faire et il n'est pas inutile d'en considérer les raisons. Chacun d'ailleurs aurait certainement à gagner, au point où nous en sommes, à se poser la question pour lui-même. Quelles étaient les raisons profondes pour accepter cette mission, cette fonction qui représente non seulement une charge de travail mais une véritable responsabilité ? Est-ce uniquement le signe du sens des responsabilités où il s'agit, au sens étymologique du terme, de répondre de quelque chose ? Ce n'est pas le lieu d'explorer cela mais il est bon de rappeler qu'il n'est pas inutile de s'interroger sur le fond de ses engagements, de ses décisions, de ses acceptations...

À écouter les raisons exprimées par les managers de proximité, quatre tendances majeures apparaissent quant aux raisons du choix, du moins telles qu'elles sont exprimées. Elles ne revêtent toutefois pas toutes la même importance.

ÉCHAPPER À SON CHEF ACTUEL

La première raison est de vouloir être chef pour sortir de la situation actuelle et en particulier du poids d'une hiérarchie que l'on ne supporte plus forcément. C'est donc passer chef pour échapper à celui-ci ! Il est banal de vivre des expériences de collaborateur assez frustrantes et insatisfaisantes. On déplore leur comportement, leur manque d'écoute, de prise en compte de l'autre (c'est-à-dire de soi). Leur autoritarisme énerve, leur manque d'écoute agace. Bien évidemment, devenir chef soi-même, c'est échapper à tout cela. On va enfin pouvoir vivre autre chose. D'une part, on n'aura plus de chef. C'est une illusion de le penser mais elle est si fréquente : grimper dans la hiérarchie, ce n'est pas s'exonérer de l'autorité ni se mettre à appartenir à la « direction », donc hors de toute contrainte hiérarchique. Malheureusement, et même aux niveaux les plus élevés, on a toujours le sentiment d'avoir quelqu'un au-dessus qui brime et limite sa liberté.

D'autre part, devenir manager, c'est sortir du mode actuel de management pour en instaurer un nouveau, avec toujours ce sentiment qu'il y aura deux périodes dans l'histoire du management : avant que l'on soit devenu manager et après... Une fois devenu chef, on espère établir des relations simples et transparentes avec les personnes. Tout ira bien, il y aura de la transparence, de la communication, un partage des tâches bien défini donc sans problème. D'ailleurs, s'il est un mot que les managers de proximité ont en sainte horreur, c'est l'autoritarisme : il est évident qu'ils ne tomberont pas dans ce piège, qu'ils réussiront à faire ce dont leurs managers dans le passé n'ont pas été capables. Il en va du management comme de l'éducation des enfants, toutes choses égales par ailleurs, évidemment : c'est fou ce que l'on peut avoir comme bonnes idées sur l'éducation des enfants avant d'en avoir…

Ce cas est souvent celui des jeunes qui supportent assez mal l'autorité alors qu'ils l'ont peu connue avant de travailler : elle leur paraît inutile et insupportable ; devenir manager soi-même est alors le meilleur moyen d'y échapper, d'autant plus que l'on saura établir d'autres rapports entre les gens, comme le disaient les jeunes patrons de *start-ups* au début des années 2000 quand ils affirmaient avoir établi un nouveau style de rapports dans l'entreprise après des décennies de relations managériales vieillottes.

POUVOIR FAIRE

Une seconde raison est d'espérer pouvoir faire des choses une fois qu'on est manager. Devenir manager, c'est sortir du travail présent, parfois considéré comme répétitif ou peu ouvert à des nouveautés.

Avec le sentiment d'autonomie associé à la fonction, le pouvoir conféré, beaucoup de futurs managers s'attendent à pouvoir faire des choses qu'ils ne pouvaient réaliser auparavant.

La notion de « pouvoir » est assez souvent critiquée, rapprochée d'une perversion ou d'un égoïsme coupables. Dire de quelqu'un qu'il cherche du pouvoir, c'est proférer l'argument massue qui se suffit à lui-même. Pourtant, comme l'ont montré de nombreux psychologues de la motivation, le pouvoir, c'est aussi le souci de faire des choses, de conduire des actions, de transformer, de réaliser. Peut-on imaginer des institutions sans goût pour le pouvoir, une société dans laquelle tout le monde fuirait cette perspective ? L'exercice du pouvoir est nécessaire, même s'il a ses perversions comme le goût de ne jamais l'exercer d'ailleurs et de se cantonner dans une attitude de retrait faite d'observation narquoise et confortable du fonctionnement des institutions.

Devenir manager, c'est alors un moyen d'exercer ce pouvoir parce que l'on a des attentes vis-à-vis de l'autorité, on a même une assez grande confiance au départ dans les possibilités de faire avancer les choses. Cette ambition est souvent exprimée par les managers de proximité. Leur approche positive de la tâche à réaliser les conduit même à sous-estimer les difficultés comme celle de fonctionner dans une organisation à un autre niveau de responsabilité que celui auquel ils ont connu leurs collègues. Ils croient pouvoir conserver les mêmes rapports avec leurs anciens compagnons comme si leur changement de rôle ne devait rien changer aux relations personnelles tissées depuis des années : c'est alors une forte déception parce qu'à ce changement de position, correspond un changement d'attitude de la part des autres qui ne voient plus l'ancien collègue mais le chef... Ce réajustement personnel dans son quotidien de travail est parfois assez difficile et, faute de rapports aussi satisfaisants avec d'anciens collègues, le nouveau manager de proximité se met à se concentrer sur ses relations avec son nouveau patron et il lui faut peu de temps avant de se retrouver dans le même genre de situation qu'il avait quittée : une surestimation de la relation avec les niveaux supérieurs qui empêche souvent de mener sa mission à bien auprès des collaborateurs.

BÉNÉFICIER DES AVANTAGES

Il est une troisième raison de devenir manager de proximité, pas toujours avouée mais bien réelle : acquérir du statut. Le directeur d'une entreprise de transport racontait l'histoire suivante : quand un chauffeur est nommé agent de maîtrise, dit-il, le week-end avant de prendre sa nouvelle fonction, il va acheter une cravate et une mallette et, le lundi matin, il se présente au bureau avec son nouvel habit. En effet, un changement profond s'est produit, il travaille maintenant dans les bureaux, dans les papiers. Si jamais son directeur a besoin d'un chauffeur pour un replacement, il peut certes lui demander de reprendre un volant, ce que l'ancien chauffeur acceptera s'il sait l'en persuader, mais, au fond de lui-même, il considérera cela comme une dégradation, un retour en arrière peu agréable. Devenir manager, c'est acquérir aussi du statut, une position, celle que l'on a enviée parfois dans son expérience antérieure, celle qui donne une place.

Bien entendu, avec ce statut, on trouve la rémunération et les avantages complémentaires qui l'accompagnent, et les organisations savent assez bien produire les signes de différenciation statutaire permettant à chaque position de s'y retrouver, même si ces signes sont peu visibles de l'extérieur. Place du bureau, cylindrée de la voiture de fonction, assistance, il existe toujours des moyens de marquer les différences.

Mais le statut relève aussi de l'image associée à une dénomination, à un titre. Il est toujours plus valorisant et flatteur d'être chef que subordonné, patron qu'employé, responsable que non-responsable. C'est pour cette raison que les organisations ont inventé des tas de dénominations différentes pour pouvoir attribuer un nom flatteur au moindre niveau de responsabilité, à la plus grande satisfaction de tout le monde.

Il existe d'ailleurs un excellent contre-exemple. Il est une position très fréquente dans les organisations, celle de « bon second » : elle correspond à des personnes qui ne se situent pas au premier plan, ne détiennent pas de titre ronflant alors qu'elles exercent une réelle influence. Elles conseillent, rendent possible, organisent, faisant souvent plus que tenir le balai, pour en revenir à la théorie du chapitre précédent. On les trouve toujours au niveau de la direction puisque chacun s'est aperçu que celle-ci est toujours occupée par un couple : le chef en titre, certes, mais une autre personne avec laquelle ils partagent la compétence et la vision des problèmes ; ils s'influencent mutuellement et, *de facto*, la direction est assurée par les deux. Force est de constater que cette image de « bon second » n'est généralement pas considérée comme positive : on y voit une marque de mépris plutôt que de reconnaissance. L'image du chef solitaire, de la personnification du pouvoir est plus valorisante.

LA VRAIE RECONNAISSANCE

Sans doute la plus réelle des raisons de devenir chef est ailleurs. Au-delà du statut, de l'espoir d'échapper à l'autorité d'un tiers, de la volonté de faire avancer des projets, il y a la reconnaissance dont témoigne une promotion à une fonction de manager de proximité. Être nommé, c'est le plus tangible des signes de votre compétence professionnelle, de vos qualités. Certes, il n'est jamais désagréable de recevoir des primes ou bonus divers en récompense de bons et loyaux services, mais la promotion est d'un autre ordre. En vous nommant, on reconnaît ce que vous avez fait ainsi que votre potentiel pour l'avenir. On témoigne d'une confiance, d'une attente. Ce n'est pas qu'un compliment, qui a toujours du mal à être totalement authentique, mais témoigne d'un engagement. D'ailleurs, nombreux sont ceux qui, avec sincérité, vous disent « qu'ils ne pouvaient pas refuser ». Et il ne s'agit pas simplement là d'une auto-complaisance.

Ceci explique sans doute pourquoi, dans des périodes de « guerre des talents », les entreprises sont conduites à offrir assez tôt – trop tôt ? – des fonctions de management de proximité à de jeunes diplômés qui n'ont pas toujours la maturité ni les compétences nécessaires pour les assumer. Mais, dans des périodes difficiles, il paraît inconcevable de pouvoir attirer et retenir de jeunes talents à qui on ne promettrait pas le signe le plus tangible de la reconnaissance.

LA RAISON MANQUANTE

Tout le monde veut être manager, pour toutes les raisons qui viennent d'être évoquées. Il en est toutefois une qui apparaît peu dans les discussions, c'est celle qui touche aux personnes. Quand on fait du management de proximité, sa tâche principale est de « s'occuper des gens », si l'on peut l'exprimer de manière triviale. Ce n'est pas une motivation qui semble dominer. Alors que la relation à ses collaborateurs prédomine, cette dimension est plutôt considérée comme une des servitudes du job. Dans tous les besoins de management de proximité exprimés dans les trois chapitres précédents, c'est de cette dimension relationnelle de la fonction qu'il s'agissait. Quelle étrangeté que cela n'apparaisse pas comme une motivation pour la fonction alors que c'est justement là qu'est le besoin ? Il est alors pertinent d'aller regarder plus avant ce que les personnes disent du management de proximité tel qu'ils le vivent au quotidien et, surtout, de cette relation managériale qui ne semble pas *a priori* les attirer beaucoup.

Chapitre 5

L'idéal du management de proximité

Il est temps d'aller rencontrer ces managers de proximité et de leur demander ce qu'ils pensent, comment ils voient leur rôle et leur mission. Avec leur expérience de la fonction, il est intéressant de savoir ce que représenterait pour nombre d'entre eux la situation de management de proximité idéale. Après tout, ce sont eux qui ont l'expérience quotidienne, et leurs rêves pour l'exercer ne peuvent qu'être instructifs.

Cet idéal pourrait se dessiner en quatre grandes figures.

PREMIÈRE FIGURE :
LE MANAGEMENT DE PROXIMITÉ IDÉAL, C'EST QUAND LES RH ONT RECRUTÉ LES BONS

C'est souvent ce que disent les managers de proximité : la situation serait vraiment plus facile si on leur affectait des gens valables qui connaissent leur travail et possèdent les compétences appropriées. C'est ce qu'ils attendent des services de gestion des ressources humaines. Le recrutement leur paraît être une affaire de professionnels, et ils n'ont ni les compétences ni le temps pour s'en occuper : c'est quand même bien aux services fonctionnels de faire leur travail et aux opérationnels de travailler. On a tellement dit que chacun dans l'entreprise avait ses clients internes qu'ils acceptent avec entrain de jouer leur rôle de client vis-à-vis des « fonctions support » remplies de professionnels.

Il faut dire que beaucoup de services de ressources humaines tiennent un discours ou une pratique assez ambiguë sur le sujet. D'une part, on fait attention à une certaine uniformisation des pratiques de gestion des ressources humaines pour que des *process* identiques soient à l'œuvre dans l'ensemble de l'entreprise, voire du groupe, dans le cadre de grandes entreprises internationales. D'autre part, on tient le discours du « tous DRH ! », selon lequel les managers devraient être pleinement investis dans toutes les décisions de gestion des personnes les concernant. D'une part, on développe ici et là des politiques de recrutement ciblé de « stars », c'est-à-dire des super professionnels de leur domaine, pour disposer des meilleures compétences du marché ; d'autre part, on dit aux managers de proximité qu'eux seuls sont à même de connaître, repérer et choisir ceux dont ils ont besoin, seuls capables de définir des profils et de réaliser leur bonne intégration. On peut comprendre que ces derniers ne tiennent pas forcément à s'investir dans des décisions dont on pourrait leur reprocher les conséquences peu efficaces.

Certains managers ont fait une expérience difficile du recrutement. Dans le meilleur des cas, ils se sont aperçus de tout ce qu'il exigeait comme ressources pour être pleinement efficace : certes de l'argent mais, de manière plus importante, de la compétence, du temps et de l'énergie. Il faut de la compétence pour savoir comprendre le profil nécessaire et l'adéquation de celui-ci à la personne en face de vous. Ce n'est pas la complexité des parcours professionnels actuels (qui ne va pas s'améliorer avec l'effet d'aubaine de la « validation des acquis sur expérience »), la diversité sociologique des actifs et la complexité administrative et légale des formes d'emploi qui leur facilitent le travail.

Il leur faut également du temps et ils n'en ont pas. Recruter nécessite du temps à passer avec des candidats, à échanger entre collègues et avec les professionnels du recrutement. Or nos managers, de moins en moins nombreux dans des lignes hiérarchiques amaigries, ont suffisamment à faire pour gérer convenablement les *process* avant d'investir du temps dans des tâches de GRH dont ils ne sont d'ailleurs pas forcément friands.

Ils ont généralement pris conscience, pour les plus lucides, que le recrutement nécessitait aussi de l'énergie, de la concentration, de l'attention, toutes qualités si difficiles à avoir dans le quotidien du travail. Il suffirait de demander l'impression des candidats quand ils rencontrent en fin de journée leur éventuel futur patron, fatigué après une journée intense de réunions et de coups de fil, anxieux de ce qu'il lui reste encore à faire avant de rentrer chez lui. Il tente vainement de s'intéresser au candidat mais reste préoccupé par ses problèmes de la journée, il s'efforce de se concentrer sur son interlocuteur mais ne peut manquer de jeter un regard curieux à son écran dès que l'arrivée d'un nouveau mail se fait entendre, tout à l'inquiétude de devoir encore y répondre avant de quitter le bureau… Quel sentiment quand ce recruteur vous demande de « parler de vous », tout simplement parce qu'il n'a pas eu le temps de lire le *curriculum vitæ* et que c'est la dernière possibilité de gagner un peu de temps pour le parcourir sans en avoir l'air… !

Quand ils réclament aux services de ressources humaines de leur affecter les « bons », les managers de proximité ne font pas qu'exprimer leur souci de se débarrasser d'une tâche supplémentaire, ils témoignent aussi de leur difficulté à assumer cet engagement dans les activités pratiques de GRH pour lesquelles ils ne se trouvent pas compétents et qui, non plus, ne leur apportent guère de plaisir. Ils préfèrent que les autres s'en chargent, ils ne prennent pas forcément de plaisir à s'occuper de ce qu'on leur dit être important, même si ce n'est jamais pris en compte dans une évaluation.

Seconde figure : les collaborateurs travaillent bien et… en silence !

Le management idéal, ce serait des collaborateurs compétents qui travailleraient bien, feraient tout ce qu'il y a à faire et même plus, sans que l'on n'ait rien à leur dire. Ils seraient assidus, appliqués, compétents, travailleurs, ne demanderaient jamais rien, ils anticiperaient presque ce dont j'aurais besoin. En un mot je n'aurais rien à faire comme management, je pourrais enfin travailler... Et si en plus ils pouvaient être heureux, trouver de l'intérêt dans ce qu'ils font, dans une bonne ambiance où chacun trouve son compte, ce serait encore mieux.

C'est là le *summum* du management : l'équipe marche toute seule, efficacement, sans que l'on ait à manager. Cela peut paraître un rêve inaccessible, il n'en est pas moins compréhensible. Nombreux sont ceux qui rêvent d'un management qui n'aurait même pas à s'exercer, tellement les gens sauraient ce qu'ils ont à faire et le feraient sans problème. Certains rêvent d'organisations où les procédures auraient tellement défini tous les cas de figure possibles, leur mode de traitement et toutes leurs variantes que chacun faisant son travail dans son coin, le management ne serait plus que la juste récompense de services... passés plutôt que cette liste jamais finie de problèmes à résoudre.

Dans les organisations de travail, il y a d'ailleurs une collusion curieuse entre managers et managés. Ces derniers n'aiment pas avoir de chef sur le dos, ils ne reconnaissent pas l'autorité et revendiquent, comme le montrent toutes les enquêtes d'opinion, toujours plus d'autonomie et de marge de manœuvre dans l'exercice de leur travail. Cela tombe bien parce que les managers préfèrent « travailler » plutôt que de s'occuper de leurs collaborateurs. Ils rêvent d'équipes d'experts chevronnés qui ont été suffisamment bien formés à l'extérieur pour être pleinement efficaces sans le besoin de personne. Il faut dire que les organisations actuelles peuvent le leur laisser croire : tous les métiers, grâce aux référentiels de compétences de plus en plus sophistiqués, aux parcours de formation ultra spécialisés, donnent à chacun l'impression d'un domaine de compétence qui lui serait tellement propre que l'intervention d'un autre dans son quotidien de travail devienne aisément inacceptable.

Le manager lui-même se fait une telle idée du management et des relations au travail que tout est parfait quand il n'a pas à intervenir. Il a souvent pris son poste de manager en rêvant à des relations de pleine confiance et de grande transparence avec une communication enfin franche, directe et facile. Il a les meilleures intentions du monde en espérant une bonne ambiance de travail où chacun y trouve son compte, et ses intentions sont tellement bonnes qu'il est difficile d'imaginer que les autres ne les repèrent pas, n'y soient pas sensibles et n'y modèlent pas leurs comportements.

Il y a parfois de l'incompréhension autour de la notion d'« autonomie » qui apparaît comme une des attentes premières vis-à-vis du travail. Pour la plupart des gens qui travaillent, cela signifie qu'on les laisse tranquilles. Les entreprises ont trop rapidement tendance à comprendre que les gens veulent être responsables, ce qui n'est souvent pas le cas, ils veulent surtout pouvoir faire leur travail sans avoir à s'occuper des autres... et en espérant d'ailleurs qu'il en sera de même pour eux.

TROISIÈME FIGURE : ILS NE ME POSENT PAS LEURS PROBLÈMES PERSONNELS OU NE M'ENVAHISSENT PAS AVEC LEURS CONFLITS

Le management idéal, c'est quand les collaborateurs ne viennent pas vous poser leurs problèmes. C'est toujours un moment difficile parce qu'ils prennent beaucoup de temps pour le faire, ils vous inondent parfois avec des émotions ou sentiments que vous ne savez pas traiter, ils vous engluent dans des tas de considérations personnelles, de sentiments ou d'histoires que vous préféreriez ne pas entendre. Ils choisissent généralement leur moment pour le faire sans aucune considération pour votre emploi du temps et vos disponibilités, qui sont généralement faibles, d'ailleurs. Certes le management à distance est plus pratique parce que l'on décide le moment où on rencontre ses collaborateurs mais dans le management de proximité, ce sont les autres qui décident et ils peuvent surgir au moment où vous les attendez le moins, alors que vous aviez mille autres choses à faire.

Le plus souvent, le manager ne sait pas trop traiter tous ces problèmes personnels. Ils peuvent être tellement personnels que personne n'est à l'aise ni ne sait que faire. On n'aime pas trop se voir confier des éléments liés à la santé, aux relations affectives ou familiales, à tous ces problèmes, extérieurs au travail et qui semblent avoir une influence sur celui-ci. Un manager me disait même qu'un de ses collaborateurs était venu un jour lui parler de ses problèmes personnels en amenant... toute sa famille. Face à la douleur des autres, surtout quand elle touche à des aspects personnels curieusement dévoilés dans une situation de travail, le manager se trouve généralement désarmé et il se satisfait d'autant plus d'une relation superficielle et policée avec des collaborateurs dont il a parfois peur d'être trop proche. Il est difficile d'accepter de ne savoir que faire alors que le manager perçoit son rôle justement comme celui qui doit répondre, résoudre, agir vis-à-vis de ses collaborateurs.

Il est habituel de pointer les intrusions de la vie professionnelle dans la vie personnelle, quand les soucis du travail envahissent la vie familiale par exemple : les gens pensent à leur travail à la maison, ils rapportent des dossiers et leurs problèmes de la journée influent sur leur humeur et leur attention aux autres en dehors du travail. Par contre, on ne souligne pas assez les conséquences de la vie hors travail sur le travail, et les managers de proximité en sont pourtant témoins. Il n'a échappé à personne que la vie familiale, ou plutôt au sein des structures affectivo-partenariales, est aujourd'hui assez mouvementée : toutes les statistiques le montrent. Mariages, divorces, remariages, éducation des enfants de plusieurs lits et générations, c'est aujourd'hui le lot d'une part très importante de la population. Ces bouleversements de l'état civil ne se font pas toujours dans la sérénité et la joie, et il est bien évident que ces ajustements plus ou moins difficiles rejaillissent sur le travail. Nombreux sont les managers de proximité qui en voient et subissent les effets : ils doivent en tenir compte, essayer de faciliter la situation de chacun, sans trop savoir quoi faire pour beaucoup d'entre eux... Franchement, la plupart se passerai bien de ce rôle qui n'apparaît jamais sur aucun formulaire d'évaluation des performances...

Parmi tous ces inconvénients de la relation managériale, il en est un qui fait horreur au plus grand nombre de managers, c'est le conflit entre ou avec des membres de l'équipe. Il leur paraît généralement incroyable et insupportable de voir des adultes se laisser aller à des conflits pour des raisons qui n'en valent généralement pas la peine. Les techniques de résolution des conflits sont d'ailleurs la compétence dont ils estiment avoir le plus besoin. Lors de ces conflits, ils sont sommés de devoir prendre position, ils doivent intervenir et se « mouiller » : on n'est plus dans le domaine rationnel des tâches et des compétences mais dans celui de l'émotion difficilement maîtrisable, et les conflits sont, pour la plupart des managers, l'aspect le plus douloureux de l'exercice de leur mission.

Quatrième figure : qu'ils n'essaient pas de me prendre ma place !

C'est la quatrième caractéristique du management idéal. Dans votre équipe il n'y aurait pas ce genre d'intrigant, de caractériel, voire même de pervers, en lutte permanente contre l'autorité et qui essaie de la déstabiliser par des pièges incessants, en la contestant, voire en voulant simplement prendre la place du chef. Quels que soient ses rêves d'équipe fusionnelle dans laquelle chacun, à sa place, s'efforce de contribuer au succès de l'ensemble, le manager doit parfois souffrir cette situation délicate dans laquelle sa position ne lui paraît jamais totalement assurée. En plus de son travail quotidien, des problèmes personnels et des conflits que l'on ne manque pas de lui faire supporter, il doit subir les assauts des intrigants, les pièges tendus à son autorité pour lui faire perdre quelque crédibilité, les tentatives de putsch visant à le contourner.

Il y a généralement deux types de situations. Dans la première vous avez quelqu'un qui rêve, légitimement, de prendre votre place en considérant que tout irait définitivement mieux pour tout le monde si lui-même était en responsabilité. Dans le second cas de figure, vous avez affaire à ces personnages étonnants, caractériels à souhait, qui vous ennuient sans que ce soit très personnel, tout simplement parce qu'ils le font avec tout le monde. Ils ont avec les autres un rapport tel qu'en société, ils ne peuvent manquer d'être des empêcheurs de fonctionner tranquillement.

UN IDÉAL SOMME TOUTE INACCESSIBLE

Chacune de ces quatre figures peut se comprendre, voire rappeler quelque expérience personnelle. À vrai dire, elles ne seraient pas surprenantes si elles émanaient de jeunes récemment promus dans les fonctions de management de proximité. Par contre, quand des managers expérimentés se mettent à l'exprimer, c'est un peu plus surprenant. Ils rêvent d'un management de proximité qui n'existe pas, ils sont irréalistes de manière durable car leur idéal est inaccessible. C'est dur d'assumer une fonction en rêvant d'une autre qui, elle, ne sera jamais atteinte.

Quoi qu'on fasse le recrutement ne sera jamais une science exacte et vous ne pourrez attendre des services de ressources humaines qu'ils ne vous affectent que des *top guns*. Il n'y a bien qu'en matière de sport – trop rapidement comparé d'ailleurs au management – que les méthodes de recrutement, de licenciement et de sélection sont telles qu'elles vous garantissent des équipes de stars (si vous en avez les moyens bien entendu).

Des équipes de stars qui travaillent dans leur coin en silence, en faisant au-delà de ce que vous attendiez, sans même que vous ayez à intervenir, cela arrive souvent mais ce n'est jamais durable. Les équipes qui gagnent demandent au contraire énormément d'efforts de la part du manager : pour les maintenir à cet état de forme, il faut justement s'en occuper tout le temps, y être attentif en permanence.

Quant à l'évitement des problèmes personnels et des conflits, cela relève de la pure illusion. Dès que vous mettez des personnes ensemble, ces fameux problèmes personnels ne manquent pas de surgir et de s'exprimer. Envies, jalousies, séductions, répulsions sont le lot de la vie collective. Cela existe à la maison, dans le milieu associatif, dans le sport ou la politique, donc bien entendu dans le travail. Les conflits existeront toujours ; les personnes auront toujours des problèmes personnels qui rejailliront sur la vie quotidienne. Ce n'est certes pas agréable pour le manager mais c'est la réalité.

Éviter les caractériels, les intrigants, les ambitieux sans scrupules, c'est un désir très compréhensible mais malheureusement naïf. Vous les rencontrez toujours sur votre chemin, ils font partie de la vie en organisation. C'est la vision guimauve de collectifs de travail gentillets et pacifiés qui nous les a fait oublier. Il a fallu attendre ces dernières années pour que des ouvrages se mettent plus franchement à traiter des problèmes de personnalités difficiles, de la « perversité » dans les rapports humains qui n'est pas le fait d'un niveau hiérarchique mais potentiellement de tous les êtres humains, quelle que soit leur situation.

Mais si ces managers expérimentés rêvent de cet idéal inaccessible, s'ils témoignent en creux d'une vision assez négative du management de proximité, il s'agit maintenant d'en explorer les raisons.

Chapitre 6

Souffrance du management de proximité

Dans un des précédents chapitres, nous examinions les raisons de devenir manager de proximité. Nous pouvons difficilement imaginer prendre un tel poste sans poser la question de ce qui nous y pousse. Dans les principales raisons relevées, l'une ne figurait pas : celle qui consiste à assumer la relation managériale ou, dit de manière plus plate, à « s'occuper des gens ». C'est pourtant sa mission principale, même s'il a parfois l'impression aujourd'hui de devoir passer son temps à renseigner des systèmes informatisés de gestion ou à faire du *reporting*. Cette mission attire peu, elle paraît même constituer parfois l'inconvénient incontournable de la fonction de manager.

Il n'est ainsi pas rare d'entendre un manager de proximité exprimer le souhait suivant. Après de longues années dans ces fonctions, il rêverait d'un autre poste qui pourrait se tenir dans un bureau, avec une porte. Celle-ci serait fermée. Alors il pourrait bien travailler, d'arrache-pied, sans regarder ses heures. Il aurait enfin de l'autonomie. Traduisez : on le laisserait tranquille ! D'aucuns traduiraient qu'en réclamant de l'autonomie (comme le confirment la plupart des études), il veut de la responsabilité. En fait, ce qu'ils souhaitent pour la plupart, c'est de ne plus avoir cette impression d'être soumis aux pressions du management de proximité quand leur emploi du temps paraît entièrement décidé par les autres qui leur imposent leurs problèmes, plus que par leur propre initiative.

Le plus frappant, c'est que ce sentiment semble assez largement partagé, quels que soient les secteurs d'activité ; il n'est pas limité au management dans l'entreprise. La relation managériale n'attire pas, elle fait même peur, elle s'identifie à une multitude de désagréments au quotidien auxquels on est trop heureux d'échapper quand on redevient l'expert, le professionnel solitaire, voire le manager à distance qui ne fait du management qu'à sa propre initiative. Il y a au moins trois raisons qui expliquent ce désamour.

LE RÊVE DÉÇU

La première source d'insatisfaction de nombreux managers de proximité quant à l'exercice de leur mission, c'est la déception par rapport à ce qu'ils attendaient. On a vu plus haut quels étaient leurs espoirs : le plaisir au travail devait venir de surcroît.

Quand on a subi soi-même le management de plusieurs managers au cours de sa carrière, on a le sentiment, rapide mais compréhensible, que l'on ne fera pas les mêmes erreurs. On a supporté des difficultés en étant subordonné et on les attribue à de mauvais managers qui n'avaient rien compris. On était surpris de leur manque de communication, de leur opacité ; on souffrait de leurs relations au quotidien, de leur froideur, du manque de considération, de leur incompréhension, finalement de tout ce que l'on reproche assez souvent à un chef. Bien entendu, on s'était juré qu'il n'en irait pas de même quand on serait soi-même en fonction.

Il faut dire, surtout quand on prend ce genre de responsabilités assez jeune, que l'on a vécu le plus souvent des situations de vie collective dans des situations plus protégées. La jeunesse est cette période de l'existence où la dimension relationnelle est prépondérante : on vit avec, pour, contre, en fonction, par rapport aux autres. Pour une minorité de jeunes, on a été en situation de devoir animer des groupes ou des équipes : tant à l'école que dans les multiples activités pratiquées jusque-là, la personne s'est plus souvent trouvée en position de subir – ou de goûter – le management des autres plutôt que de l'initier directement. Le plus souvent, cette vie relationnelle a paru simple, ne dépendant finalement que de la bonne volonté de chacun et de la qualité du chef ou, du moins, de la maîtrise de ses défauts.

En fait, notre nouveau manager de proximité se retrouve comme un nouveau parent ou un nouvel élu : tout paraissait très simple quand on était de l'autre côté. On imaginait pouvoir réellement apporter quelque chose de nouveau et faire ce que les autres n'avaient pas réussi. La réalité s'avère bien différente.

En observant les difficultés rencontrées par de nouveaux managers de proximité, on s'aperçoit que le plus difficile des ajustements consiste à faire le deuil des relations qu'ils auraient aimé avoir avec les autres. Le plus souvent, ils espéraient retrouver dans le travail les relations simples qu'ils avaient pu connaître dans leur courte expérience du collectif, faite de participations temporaires à des groupes fusionnels et peu durables, que ce soit dans les activités sportives, culturelles, amicales. Ils considéraient que finalement tout irait bien si personne n'avait besoin de cette fonction de management ; ils rêvaient de situations où la bonne volonté, l'attitude assez détendue vis-à-vis des normes et des règlements suffirait à créer une bonne ambiance. Ouverture, contacts faciles, grande tolérance devaient suffire à ce que chacun se retrouve dans un bon climat. Elles devaient suffire à démontrer aux autres que finalement on était chef sans en être un et que tout devait finalement bien se passer dans le meilleur climat. Illusion de pouvoir dépasser le besoin de cette fonction.

Une des illusions souvent partagées quand on prend des responsabilités est que l'on va pouvoir créer des relations satisfaisantes entre les gens. Par ses propres décisions, par ses bonnes intentions, par ce que l'on instituera soi-même dans le cadre de ses responsabilités nouvelles, on espère imprimer au groupe le mode de fonctionnement dont on rêve : on décide de se tutoyer, de traiter tous les problèmes directement, on met en place de la communication, on donne aux gens des responsabilités, de l'autonomie. Dans toutes ces formes d'action se retrouve toujours cette idée que moi, manager, je vais pouvoir créer l'ambiance que je veux, instituer le mode de rapports idéaux au sein de mon équipe. Cela prend beaucoup de temps de devenir modeste en matière de rapports humains.

Un dernier ajustement est assez difficile à opérer, celui qui consiste, quand on prend cette responsabilité, à faire le deuil du maintien de relations identiques avec les autres, en particulier ses anciens collègues. Changer de rôle en espérant garder les mêmes rapports avec les gens est illusoire : nous ne voyons plus les situations de la même manière quand nous changeons de rôle mais, plus encore, les autres ne nous voient plus pareils, quoique nous leur disions. On comprend cette volonté de prendre une autre responsabilité en ne gâchant rien des relations de bonne qualité avec les autres : « Tu sais, cela ne change rien à nos relations ! » Tout le monde acquiescera en paroles mais leurs relations, *volens nolens*, en seront inexorablement changées.

Le théorème des bonnes intentions illustre cet état de chose. Il stipule qu'en matière de relations humaines, seules les intentions comptent. En effet, A est tellement concentré, convaincu, voire aveuglé par la qualité et la sincérité de ses intentions, qu'il a souvent du mal à imaginer que B ne les repère pas et ne s'y fie pas. Corollairement, il ne faudrait pas croire que B écoute ce que dit A, qu'il prend garde à ce que fait A : il s'attache plutôt aux intentions prêtées à A quand il dit ce qu'il dit et fait ce qu'il fait. Quand mon ex-collègue et ami devenu chef dit ou fait quelque chose, ce n'est pas mon ami qui agit mais le chef... L'importance de ce changement de rôle n'est pas toujours perçue : on intègre bien le changement de statut et les avantages qui l'accompagnent assez naturellement, mais cela prend plus de temps et de travail sur soi de s'ajuster aux effets de son changement de rôle sur les relations qu'ont les autres avec vous ou que vous voulez avoir ou conserver avec les autres. Il est ainsi souvent étonnant de voir l'incapacité à imaginer comment les collaborateurs peuvent interpréter les attitudes et comportements d'un responsable ; c'est souvent une découverte totale : « Mais je n'ai jamais voulu dire cela ! Comment peuvent-ils imaginer ? »

LE MANQUE DE VALORISATION

Le management de proximité n'est pas valorisé. À quel moment va-t-on reconnaître publiquement la qualité de votre management de proximité ? Généralement, dans le discours prononcé lors de votre départ en retraite ! C'est tard, et d'ailleurs il va falloir attendre de plus en plus longtemps.

La performance technique est assez bien reconnue, les entreprises disposent de systèmes bien adaptés pour mettre en évidence des objectifs, la qualité de leur accomplissement, voire tous les résultats les plus concrets de votre activité. Dans le cadre d'organisations où les entités semi-autonomes sont de plus en plus nombreuses, la discussion entre le responsable d'entité et son supérieur ne concerne que les objectifs clairs, concrets et mesurables sur lesquels il s'est engagé : le supérieur n'oserait d'ailleurs pas aller au-delà de ce « contrat » de peur de donner l'impression de s'immiscer dans le management de son unité. Il faut dire que c'est cette performance de production, cette réussite opérationnelle, qui constitue le critère le plus objectif pour une évolution professionnelle, une promotion. Ceux que l'on considère comme les « bons » dans une entreprise, c'est rarement pour autre chose que leurs résultats.

Quand on dit que le management de proximité n'est pas valorisé, il n'est pas seulement question de systèmes de récompenses mais tout simplement de l'évocation de ce sujet dans les rapports que l'on a avec son propre supérieur. Ce serait abusif de dire que le sujet du management de proximité de ses collaborateurs n'est jamais abordé avec son supérieur : on le fait quand les collaborateurs en question sont allés se plaindre, directement ou non, auprès du n + 2 des problèmes de management du n + 1. Très gêné, le premier cherche alors à aborder la question par peur de problèmes sociaux plus graves.

S'il est si difficile pour un n + 2 d'évoquer le sujet avec un n + 1, on peut avancer plusieurs raisons. Premièrement, il se sent plus concerné par les résultats techniques qui impactent directement son propre score. Deuxièmement, il considère que cet aspect relationnel de l'activité est tellement personnel que la pudeur exige de ne pas l'évoquer. Troisièmement, il craint qu'un tel sujet soit mal perçu par n + 1, que ce dernier voie là quelque suspicion ou reproche déguisé ; en effet, autant la discussion sur les résultats de l'activité paraît faire partie du code relationnel, autant toute autre question, spécialement quand elle concerne les personnes et l'action personnelle du manager, devient plus incongrue dans une relation managériale.

Enfin, et à mon avis, de manière plus importante, on n'évoque pas ces questions parce que l'on n'ose pas le faire, on ne sait pas le faire. Ce n'est pas étonnant, il suffit de regarder la difficulté à parler un langage personnel dans la vie courante : il n'y a aucune raison de penser que ce soit plus facile au travail qu'à la maison. Évoquer le management de proximité, c'est demander à l'autre de parler de ses relations avec ses collaborateurs. Nombreux sont ceux qui perçoivent cela comme l'évocation d'une question intime, personnelle, comme la santé ou la vie affective. Cela fait alors partie de ces sujets qui, à force « d'aller sans dire », deviennent suffisamment tabous pour que le premier pas soit réellement difficile.

Il est même possible de se demander si nos organisations ne fonctionnent pas sur le souvenir du grognard napoléonien. C'était un bon râleur, un peu querelleur, jamais vraiment content. Mais il avançait, le commandement pouvait l'emmener où il voulait. Légitimement, les chefs pouvaient considérer que quoi qu'il se passe, les grognards resteraient toujours de leur côté. Leur fidélité était à toute épreuve, et il n'y avait finalement pas besoin de s'en occuper beaucoup, sinon en venant leur pincer amicalement l'oreille de temps en temps... le soir autour du feu, après la longue journée de marche...

LE MANAGEMENT DE PROXIMITÉ, UNE EXPÉRIENCE DOULOUREUSE

Il paraîtrait que les managers de proximité sont aussi clients des psychothérapeutes pour se remettre du harcèlement subi de la part des autres, et en particulier de leurs collaborateurs. Le plus surprenant, c'est que cela puisse surprendre, tant on a voulu accréditer l'idée que seuls les « petits chefs » avaient le monopole de la perversité dans les relations humaines. Force est de constater, dans le travail comme dans la famille ou le milieu associatif, que ces dérives apparaissent partout où il y a des personnes. C'est vrai que les managers de proximité, par leur position exposée, leur responsabilité et leur statut, sont exposés aux risques de ne pas recevoir que d'agréables *feedbacks* sur l'exercice de leur rôle.

La plupart des managers sont maintenant passés par des formations où ils ont été sensibilisés aux situations relationnelles ; la plupart abordent leur rôle avec beaucoup de bonne volonté et assez rarement des intentions malignes vis-à-vis des personnes qu'ils managent. Ils ont plutôt envie, comme on le disait plus haut, que tout aille le plus simplement du monde pour le minimum d'effort et de problème pour chacun. Or, malgré leur politique de porte ouverte et leurs bonnes intentions, ils ont souvent à souffrir de désagréments dont certains deviennent vite insidieusement insupportables.

Le chef est souvent quelqu'un à qui on confie ses problèmes, voire on les lui délègue : quel est le responsable qui n'a pas eu l'impression, après une entrevue avec quelqu'un, que ce dernier partait d'autant plus libéré et soulagé qu'il avait réussi à le persuader que son problème était en fait le sien ? Involontairement le plus souvent, il vous a montré que ses difficultés, auxquelles vous ne pouvez que compatir, proviennent en fait de cette entreprise, de cette entité, du mode de management, des circonstances particulières dont vous êtes *in fine* le responsable. Il vous dit qu'avant, cela ne se serait jamais passé, qu'il connaît d'autres services où tout fonctionne tellement mieux, qu'avec un peu plus de bonne volonté et de communication – ce n'est pourtant pas très difficile – vous pourriez améliorer les choses. Les plus habiles vous confient même, sur le ton du conseil généreusement donné, ce que vous devriez faire… mais surtout, ne le remerciez pas… Vous l'avez accueilli et vous rentrez chez vous avec le virus de la culpabilité, la paralysie de l'auto-justification, l'opprobre définitive du mauvais manager.

En effet, en étant manager, vous vous exposez aux assauts répétés de ceux qui, volontairement ou pas, vous renvoient une image qui ne correspond que rarement à celle, idéale, que vous aimez avoir de vous-même.

Le monde du travail est ouvert à la parole. Celle-ci est agissante, comme l'ont bien montré les philosophes. Avec une parole on peut faire le pire et le meilleur : dire c'est faire, c'est avoir un effet. Comme tout le monde, les managers se souviennent des paroles dites en réunion, de celles écrites sur des tracts. À ce sujet, on ne peut pas dire que dans beaucoup d'entreprises les relations sociales soient sereines au point de ne pas se laisser aller dans la prose revendicative à des attaques qui marquent à titre personnel leurs cibles beaucoup plus que ne le croient leurs auteurs. Souvent les personnes se souviennent d'une parole dure et blessante d'un de leurs patrons dans le passé, il en va de même dans l'autre sens. Les figures d'autorité ont tellement servi de *punching-ball* dans toutes les institutions qu'on en viendrait à considérer que les responsables ne sont plus humains, qu'ils ne ressentent rien, voire qu'ils sont suffisamment payés pour supporter des paroles blessantes... Quelle ingénuité coupable sur le plan humain !

Le plus souvent, dans ces situations, le manager de proximité est seul. Ce qui l'empêche de dormir le soir, ce sont ces douleurs relationnelles, ces difficultés d'ajustement personnel. Elles sont d'autant plus fortes que le manager n'a pas la maturité personnelle et le sens du recul pour assumer sa mission (qu'il a donc comprise). Pour cette raison, il est parfois dangereux de mettre trop tôt des jeunes en situation de management de proximité ; ils sont, plus que les autres, vulnérables aux difficultés soulignées plus haut parce qu'ils veulent souvent trop en faire, de peur de ne pas paraître suffisamment crédibles et compétents. Et une première expérience douloureuse peut les détourner à jamais de ce genre de mission qui constitue pourtant une voie importante et féconde pour eux.

Ces mauvaises expériences attachées au management de proximité sont souvent plus dures parce que l'on se retrouve seul à les supporter. Il n'y a généralement personne à l'extérieur qui en prend la mesure, tellement ces histoires relèvent de la banale « machine à café ». Vous ne pouvez non plus en parler au travail à votre patron ou aux collègues car cela pourrait être perçu comme un aveu de faiblesse, un manque de maîtrise professionnelle. Très vite alors, vous vous mettez à perdre le sommeil ou vous jouez l'audimat ou, encore, vous vous réfugiez vers des fonctions d'expert avec l'espoir qu'on vous laisse enfin tranquille dans le pré carré de votre domaine d'expertise, jalousement gardé et protégé.

Si « s'occuper des gens » n'est pas la motivation première pour être manager de proximité, il existe donc des raisons. Certains voient là une sorte de miroir de notre société, de plus en plus individualiste. Il est dangereux de s'abandonner au repérage des prétendues tendances séculaires d'évolution ; en cette matière, c'est surtout *a posteriori* qu'il est le plus prudent de prévoir… Mais sans les nier d'emblée, reconnaissons que ces trois freins du rêve déçu, du manque de valorisation et de la souffrance liée à l'exercice de cette fonction, dans quelque contexte organisationnel qui soit, comptent déjà suffisamment pour expliquer la situation.

Chapitre 7

Ré-enchanter le management de proximité

Il y a un vrai besoin de management de proximité et surtout de sa composante la plus cruciale, la dimension relationnelle. Elle n'est pas la plus prisée dans l'exercice quotidien de cette fonction et il y a des raisons pour cela. Ceci dit, le problème de la « fonction humaine » semble tellement partagé par les entreprises, et plus largement par le milieu associatif, les syndicats, les institutions politiques, voire... la vie familiale, qu'il est indispensable de poser la question suivante dans un chapitre, même très court : y a-t-il quelque chose à faire sur le sujet ? Et, dans notre domaine, que pourraient faire les institutions à ce sujet ?

La difficulté de la tâche de réhabiliter le management de proximité rencontre parfois trois bonnes raisons de considérer ne rien pouvoir faire : la vague sociologique, le report de la faute et l'externalisation du problème.

LA VAGUE SOCIOLOGIQUE

Elle a envahi notre approche des problèmes humains dans l'entreprise. Dans tous les magazines, on nous parle de tendances dans l'approche du travail, de rapport aux institutions ou à l'autorité. La valeur travail, sans jamais être bien définie, devient objet de débats politiques depuis quelques échéances électorales. On nous dit que les salariés sont plus ceci et moins cela, que les jeunes seraient moins ou plus quelque chose, les femmes ou les hommes, les qualifiés ou les non-qualifiés. Les travailleurs deviennent une catégorie segmentée, auscultée, « tendancisée ». Plus curieusement, ces grandes études générales, sur la méthodologie desquelles on s'interroge rarement, constituent le prisme à travers lequel on se met à décoder ce qui se passe dans nos institutions comme si elles devaient absolument représenter une image homothétiquement réduite d'un supposé « grand tout ». Dans de nombreuses rencontres avec des dirigeants, d'institutions de toute taille, les problèmes de motivation, de relations humaines au sein de celles-ci, sont souvent analysés comme la reproduction en réduction de ce que serait notre société d'aujourd'hui : c'est particulièrement vrai pour l'attitude des jeunes vis-à-vis du travail et les conséquences supposées des 35 heures. Ce dernier débat est sans doute le plus exemplaire de notre tendance « sociologique » à observer les relations humaines. Chacun s'est aperçu qu'il est difficile d'avoir une vision apaisée de ce sujet. Même la lecture des bilans dits scientifiques de cette loi unique laisse pantois : en regardant l'auteur de la recherche, on sait déjà quelles vont en être les conclusions... Cette vision sociologique pourrait conduire à un certain fatalisme, acceptant que le monde n'est plus ce qu'il était, qu'il n'y a décidément rien à faire dans cette société qui évolue inexorablement dans une direction que l'on ne maîtrise plus et qui paraît tellement déconnectée de ce que l'on pense être les exigences de la vie des organisations.

Cette tendance est la première dont il faut s'extraire. Premièrement, rien ne dit que ce qui serait vrai des grandes « tendances sociologiques » se retrouve sur tel ou tel collectif de travail. La loi des grands nombres ne permet pas forcément de décrypter ce que l'on vit au niveau local. Les grandes tendances, les styles de vie ou autres constructions auxquelles on s'est habitué depuis une vingtaine d'années, parce qu'elles donnent une vision ramassée et compréhensible de la société, ne sont parfois que mauvaises conseillères sur ce qui se passe chez soi. Ce n'est pas parce qu'un échantillon représentatif de la population pense ceci ou cela que c'est le cas dans mon milieu local. L'analyse sérieuse de la vie des collectifs de travail révèle que ce monde est très divers, multiforme, et que l'idée même de travail a bien du mal à se retrouver dans les analyses simplistes généralement acceptées comme un fait avéré, sans discussion, comme par exemple la fin du travail, la démotivation, etc.

La seconde idée à ce propos, c'est que le dirigeant ne peut se laisser aller au fatalisme de la soumission à une menace insidieuse des tendances d'évolution de la société. Comme entrepreneur, sa mission est de faire en sorte que l'action collective de l'organisation soit performante. Il ne peut cacher sa responsabilité d'action derrière le petit doigt de ces évolutions. Sa mission, son rôle, sa fonction sont bien d'agir pour faire en sorte que son organisation marche. Il doit se poser la question de sa responsabilité et de son action avant de se plaindre des mauvais tours que lui joue la société. On sait bien que les conditions de vie d'une société influent sur le fonctionnement des collectivités de travail mais il est un moment où l'analyse sociologique générale doit céder le pas à une démarche plus gestionnaire qui assume les impératifs de son action.

Cette question est importante parce qu'à y regarder de près, les discours ambiants de la pensée unique sur la fin du travail rencontrent dans leur superficialité et leur fatalisme le discours de nombreux milieux dirigeants sur l'impossibilité à intervenir…

LE RÔLE DE L'INSTITUTION

Une deuxième réaction fréquente consiste à dire que ce n'est pas à l'entreprise de s'occuper de cette question. La société ou l'éducation devrait s'en occuper. Il est bien compréhensible de préférer que le coût et l'effort de la formation soient supportés par quelqu'un d'autre. On peut d'ailleurs s'étonner, se lamenter, voire le déplorer, mais la réalité est ce qu'elle est. Si le management de proximité est indispensable pour la vie de l'organisation, c'est aux organisations de prendre leurs responsabilités, quelles que soient les insuffisances et les limites de ce que font les autres institutions.

Il est vrai que l'on a peut-être moins d'occasions aujourd'hui qu'hier de vivre en collectif et de prendre progressivement des responsabilités vis-à-vis des autres, qui aident à poursuivre cette forme de vie ensemble quand on intègre le monde du travail. Depuis le plus jeune âge, on vit en collectivité mais dans le cadre organisé, contrôlé, certifié où tous ceux qui ont le droit d'organiser et d'animer ont acquis les « diplômes » et reconnaissances nécessaires pour avoir le droit de le faire. Mieux, même, on vit tellement en collectif que l'on n'arrête pas de zapper de groupes sportifs aux associations culturelles, en passant par les nécessaires investissements humanitaires. Mais à force de passer d'une « assoc » à l'autre, on n'apprend pas véritablement à prendre des responsabilités et, surtout, on ne vit pas ce qui fait le cœur de toute vie collective, c'est-à-dire la durée.

On reproche parfois à l'enseignement de ne pas avoir suffisamment préparé les jeunes à leurs nouvelles conditions de vie en collectivité et de prise de responsabilité. Il faut pourtant reconnaître que le management de proximité ne s'apprend sur les bancs de l'école que si l'on a un minimum d'expérience professionnelle. En prenant l'expérience de l'ESSEC qui a fait le choix depuis dix ans de développer l'apprentissage et le pilotage d'une réelle expérience professionnelle durant les études, il devient évident pour les enseignants dans le domaine du management que l'attitude des étudiants est radicalement différente vis-à-vis de ces questions dès qu'ils ont eu cette expérience professionnelle. Ne tombons donc pas dans le simplisme de dire que le management de proximité ne s'apprend que sur le terrain : il s'apprend aussi en cours ou en séminaire quand l'expérience du terrain a permis de prendre conscience des besoins de compétences pour mieux assurer cette mission.

Il est donc bien de la responsabilité des organisations de prendre en charge ce problème. D'une part, parce qu'elles ne peuvent attendre des autres le soin de le faire. D'autre part, aussi, parce que les situations de travail sont tellement diverses qu'elles seules peuvent adapter des modes d'action et de management qui leur soient vraiment appropriés.

ATTENTION AUX MIRAGES DE L'EXTERNALISATION

L'externalisation est devenue une figure stratégique imposée du management. Et cela ne concerne pas seulement la prise en charge de la restauration collective ou de la sécurité. Même le management de proximité pourrait être sous-traité. Un premier exemple en est la tendance à revenir sur les politiques apparemment coûteuses de développer en interne des compétences managériales : il est tentant d'imaginer pouvoir les recruter de l'extérieur sur la base d'une expérience réussie attestée. Le recrutement de ces « stars » s'avère pourtant souvent moins efficace qu'espéré. Une « star » n'est pas qu'un personnage extraordinaire, ontologiquement efficace, quelles que soient les situations : leurs équipes, le reste de l'organisation avec ses systèmes et ses *process* y contribuent aussi et quand on sort les étoiles de leur galaxie, les résultats ne sont parfois pas à la hauteur des espoirs. Les étoiles brillantes deviennent alors des étoiles filantes…

Un deuxième moyen de ne pas s'occuper du management de proximité est de le confier à des experts. La banalisation du *coaching* peut aussi s'expliquer de cette manière. On attend de ces *coachs* le soin de pallier le management de proximité que l'on ne sait pas, que l'on ne veut pas ou que l'on n'a pas les moyens d'assumer en interne. Mais le management de proximité peut-il vraiment se déléguer ? Ne peut-on pas comparer cette question à celle que se poseraient des parents de pouvoir déléguer l'éducation de leurs adolescents ? Attention à ces métaphores mais il existe au moins un point commun. Même si la fonction de parent n'a pas que des bons moments, il faut en passer par là : ces difficultés ne peuvent être évitées, elles sont même nécessaires pour la constitution des identités de chacun.

Il est un autre argument que l'on ne peut éluder. Les organisations ont parfois eu des expériences douloureuses dans le domaine du développement du management de proximité. Beaucoup d'entreprises essaient de réorganiser leurs *process* en demandant par exemple à leurs managers de ne plus être que des techniciens mais d'assurer cette fonction plus relationnelle. C'est le cas aujourd'hui du secteur de l'assurance. On sort les managers de leurs bureaux, on les met en contact plus immédiat avec leurs équipes. On leur demande de s'investir dans une action en profondeur de communication, d'animation, avec une participation active aux missions d'évaluation des personnes, de développement des compétences et d'amélioration de la vie collective. L'expérience montre que ce n'est pas facile, les résistances sont nombreuses, et il ne va pas de soi pour ces managers de lâcher la proie pour l'ombre et de retrouver une légitimité dans le relationnel plutôt que seule dans la technique qu'ils maîtrisent.

D'autres expériences ont consisté à confier cette mission de management de proximité à des spécialistes, à des managers chargés uniquement de cette fonction relationnelle. L'idée était assez intéressante. Partant du fait qu'il y a un besoin relationnel, que les managers « opérationnels » avaient déjà suffisamment à faire et qu'ils n'en avaient pas forcément l'envie ni les compétences, il devenait assez évident de créer une fonction spéciale.

C'est le choix de grandes institutions où le management est, par construction, très difficile, comme la SNCF. On s'aperçoit alors que pour faire du management de proximité, il ne suffit pas de créer la fonction, encore faut-il que ses détenteurs soient reconnus comme crédibles pour l'assumer. Or la culture de cette institution est ancrée sur la valeur du terrain et de la technique, et la légitimité vient de là, surtout pour exercer la fonction de proximité. Le problème reste donc entier.

MANAGEMENT DE PROXIMITÉ : LE BON ANGLE D'APPROCHE

Si l'on admet donc l'idée que le management de proximité doit être développé par les entreprises elles-mêmes, il faut alors trouver une bonne manière d'aborder la question. Comme toujours en matière de relations humaines, la solution n'est pas tant dans ce que l'on fait que dans la manière d'aborder le problème. C'est l'image de la navette : le grand problème de l'entrée dans l'atmosphère, c'est l'angle d'entrée. Une petite erreur dans l'angle d'approche et c'est la catastrophe.

Pour développer un management de proximité qui assume efficacement les missions attendues, il est nécessaire de disposer de trois composantes nécessaires. Les trois sont nécessaires et sans doute les difficultés de certains dispositifs d'action viennent du fait que l'on a tout investi dans l'une ou l'autre de celles-ci plutôt que dans les trois :

- **Il est tout d'abord nécessaire d'avoir de la conviction.** Encore faut-il, en effet, que les managers en question soient convaincus que cette mission est de leur responsabilité. Certes, tout le monde l'accepte au niveau d'un discours pseudo humaniste complaisamment répandu mais, dans la réalité, il en va parfois autrement ;
- **Il faut aussi de la compétence** parce qu'être manager de proximité, cela s'apprend ; il n'en va pas uniquement d'un don inné dont disposeraient d'heureux élus, laissant les autres dans le confort narquois de ne plus avoir à faire d'efforts dans le domaine ;
- **Il en va enfin du goût,** de l'envie de s'occuper de cette mission relationnelle. Sans doute est-ce là l'aspect le plus délicat puisqu'il renvoie immédiatement à des notions que le management ne sait jamais trop aborder, comme ceux de l'amour des gens et de la générosité.

C'est ce que nous allons examiner dans les trois chapitres suivants.

© Éditions d'Organisation

Chapitre 8

La conviction

Améliorer l'efficacité du management de proximité c'est s'assurer que la conviction de l'importance de cette fonction existe dans l'entreprise, tant pour les managers eux-mêmes que pour l'ensemble de l'institution dans ses différents modes de fonctionnement et pratiques. Évidemment, au niveau du discours, tout le monde s'accorde à voir dans cette relation managériale un élément majeur de la fonction de management. La pensée unique managériale est suffisamment répandue pour que chacun sache y aller de son couplet sur l'importance des personnes, le nécessaire investissement personnel dans leur gestion, le capital humain, voire l'incontournable « il n'y a de richesse que d'hommes ». Il y a eu suffisamment de milliers d'heures d'information et de formation sur ces sujets pour que le discours ait pris... comme la glace. Mais la réalité n'est peut-être pas aussi simple. Au-delà des affirmations convenues, il existe des tas d'attitudes et de prises de position qui infirment cette orientation. On pourrait en citer une dizaine pour la seule esthétique du chiffre rond. Ce sont dix signaux très fréquents qui montrent que cette conviction n'est pas profondément ancrée, qu'elle n'est pas acceptée, intégrée.

LES DIX PHRASES QUI TUENT L'IDÉE DE MANAGEMENT DE PROXIMITÉ

« Les gens savent ce qu'ils ont à faire. »

Dans le cadre de procédures bien définies, avec des définitions de fonction claires, voilà une affirmation qui crie bien fort que l'on peut se passer de management de proximité : comme si le collectif de travail n'était que l'addition de gens qui savent ce qu'ils ont à faire. Bien entendu, c'est nécessaire mais dans les situations où des professionnels accordent leur expertise, il y a toujours besoin d'une petite chose en plus. Comme dans un orchestre, il ne suffit pas que chacun connaisse parfaitement sa partition.

« Les gens ont des objectifs précis. »

Variante de la précédente qui exprime sa confiance dans les systèmes de définition et évaluation des objectifs qui devraient suffire, sans même avoir besoin de dire aux gens comment le faire, il ne reste qu'à « négocier » ce qu'ils doivent atteindre. Et l'on se retrouve vite dans les effets pervers des organisations par *business units* où chacun travaille tellement bien à atteindre ses objectifs personnels que c'est parfois au détriment du collectif. Là aussi, il y a besoin de management.

« Après tout, il y a les RH. »

Puisque nous disposons de services de gestion des ressources humaines compétents, est-il encore nécessaire de faire du management de proximité ? Si les gens ont des problèmes, les outils de plus en plus sophistiqués de gestion des ressources humaines doivent pouvoir les résoudre.

« Maintenant on a du coaching à tous les étages. »

Pourquoi s'investir dans le management de proximité s'il existe des *coachs*, des professionnels de la relation et des personnes, de surcroît, qui sont bien payés pour s'en occuper. À chacun son travail ! Si en plus l'affectation d'un *coach* se met à devenir un signe de statut pour professionnel surmené, c'est encore mieux.

« Je manage à distance ! »

Par construction, je ne puis faire de management de proximité puisque nos organisations de travail sont telles que je dois manager à distance. Les outils de communication vont pallier la relation de proximité. Après tout, les gens préfèrent ne pas avoir leur chef sur le dos.

« Ce sont des "divas". »

Mes collaborateurs sont des « divas », ils n'ont besoin de personne... (comme dit la chanson). Je ne puis donc prendre le risque de faire leur management de proximité pour lequel ils ne me reconnaissent d'ailleurs aucune légitimité.

« D'ailleurs je n'ai pas d'autorité, ils n'écoutent pas ce que je dis. »

Nos relations sont suffisamment difficiles, j'ai suffisamment de mal à faire faire le travail convenablement pour me mettre à faire du management de proximité en plus. Les résultats, ce n'est déjà pas si mal !

« Ils râlent tout le temps ! »

Mes collaborateurs ne sont jamais contents, le moral est bas, ils râlent tout le temps. Rendre visite à mes collaborateurs est toujours un plaisir : quand ce n'est pas en arrivant, c'est en partant... Comment faire du management de proximité dans ces conditions ?

« Je ne suis pas managé moi-même. »

Dans cette entreprise, personne ne me manage, pourquoi le ferais-je ?

« De toute manière,
je ne suis pas là pour longtemps... »

Par le jeu de la mobilité, je n'ai pas longtemps à passer dans cette position, pas la peine ni le temps d'investir dans du management de proximité. Il suffit de tenir bon, sans trop de vagues jusqu'à la prochaine mutation.

Avec les chapitres qui précèdent chacun comprend pourquoi ces réactions sincères et spontanées traduisent un manque de conviction sur l'impératif du management de proximité dans nos organisations. La conviction est une détermination personnelle profonde. Elle se situe à ce niveau-là parce qu'il existe des tas de moyens d'assumer sa mission de manager en évitant sa dimension personnelle et relationnelle. Il est difficile de pallier un manque de conviction ; c'est pourtant ce qu'essaient de faire nos organisations avec des résultats mitigés. Elles utilisent en général trois grands moyens.

LES TROIS BÉQUILLES DE LA CONVICTION

La béquille de l'auto-contrainte

Il suffit de montrer à chacun que le management de proximité est nécessaire et qu'il est de sa responsabilité. Comment être un manager moderne sans assumer cette fonction ? Il revient à chacun de s'en persuader et de prendre sur lui pour le faire. Finalement, beaucoup d'outils de management et d'idées dites nouvelles reposent sur cette auto-contrainte. À vous managers de prendre sur vous ! Personne ne peut être officiellement en désaccord avec le besoin d'investissement dans cette fonction et l'on espère que cette conversion va se traduire en une nouvelle force de conviction. Elle n'est souvent que très temporaire, pour le cas où l'acquiescement serait sincère.

Il faut dire que ce discours a deux inconvénients majeurs. À force de nous dire de faire toujours mieux et plus, nous en arriverions à penser que nous ne sommes pas très bons... Ce n'est jamais l'argument le plus persuasif pour faire changer. Cela peut même culpabiliser celui qui souffre au quotidien des problèmes relationnels avec ses équipes (voire à l'extérieur du travail) et qui ne sait avec qui en parler.

Le second défaut, c'est qu'à tellement insister sur cette dimension de la fonction managériale, certains croient que la dimension technique classique vient de passer au second plan. Il n'est jamais facile de lâcher la proie pour l'ombre et l'on a peur dans ce discours de perdre ce qui avait fondé jusque-là non seulement sa valeur professionnelle personnelle mais aussi sa promotion. C'est une situation que l'on rencontre dans de nombreux cas de restructurations.

La béquille des outils

Il n'est pas rare d'entendre des managers dire dans certaines entreprises : « Ça y est, j'ai fini mon management pour cette année ! » Ils expriment qu'ils en ont terminé avec le *pensum* des entretiens d'évaluation des performances. Ils semblent vouloir dire aussi qu'ils vont enfin pouvoir travailler maintenant que tout cela est accompli. Non, le management ne consiste pas seulement à utiliser avec rigueur et discipline les outils imposés par la DRH. Le management de proximité, c'est le quotidien de la relation avec ses collaborateurs. Le management de proximité se sert de l'existence de ces outils, et il ne faut surtout pas en diminuer l'intérêt, mais il ne résume pas qu'à cela.

Parfois, on a tellement bien préparé les personnes à faire un entretien en sachant exactement quelles attitudes, questions, réactions avoir dans toutes les situations qu'ils deviennent des experts dans l'art de guider un entretien selon les canons fixés (par on ne sait qui) mais dès qu'ils rencontrent le lendemain la même personne à la cafétéria, ils sont capables de passer sans un regard...

Il faut dire également que les DRH ont tellement multiplié les outils que c'est un vrai travail, pour les managers, de satisfaire à toutes leurs obligations procédurales de GRH : évaluation des performances, gestion des rémunérations, comité de carrière et de mobilité, analyse des besoins en formation, mise à jour des référentiels de compétences, etc. On peut comprendre qu'après avoir renseigné tout cela, ils aient le sentiment, sinon la satisfaction, du devoir accompli...

Dans tous les domaines, il s'agit de traduire ce que l'on fait et doit faire sous forme de *process* formalisés. Il n'est pas étonnant que la tentation soit grande pour les managers d'attendre de l'organisation qu'en matière de management, il en aille de même.

La béquille de la gentillesse

Faire du management de proximité, ce n'est pas être gentil (ce n'est évidemment pas le contraire non plus). Le management de proximité ne relève pas de l'apprentissage de codes relationnels superficiels que beaucoup ont appris à force de stages de communication. Ils savent maintenant se taire quand l'autre parle, le regarder en lui serrant la main, l'appeler par son prénom, voire ne jamais aborder de sujets politiquement incorrects. Ils ont appris à sourire, à laisser leur porte ouverte ou rapporter un petit cadeau pour le service après un déplacement. En s'en tenant rigoureusement à ces codes, ils pensent avec sincérité faire ce qu'il faut pour maintenir dans l'équipe un bon climat, transparent et ouvert.

Le management de proximité n'est pas de cet ordre, il tient à la qualité de la présence et de la relation, de l'engagement pertinent dans la vie sociale d'une équipe, ce qui ne se résume pas à des comportements ou attitudes de façade, aux codes relationnels superficiels des clubs de vacances. Dans un hypermarché, une caissière se plaignait de ce que le directeur du magasin venait lui serrer la main pour lui dire bonjour le matin. Elle expliquait que ce directeur avait envie de faire le fier auprès des clients… Pour de multiples raisons, et après observation du manège en question, cela ne tenait pas. Mais le message était clair : le directeur n'était pas vraiment authentique lors de son passage aux caisses, et elle le ressentait bien.

Dans une grande entreprise internationale, la DRH avait développé une enquête afin d'améliorer la qualité du management de ses cadres, très techniciens, qui ne lui paraissaient pas assumer pleinement la dimension sociale de leur mission. Ils listèrent une longue série d'attitudes et de comportements en demandant aux managers d'évaluer leur degré de confort pour chacun d'entre eux. Les mieux classés concernaient : être ouvert et transparent, être disponible, avoir le contact facile. Les moins bien classés : savoir dire quand cela ne va pas, motiver les personnes, aborder des questions éthiques liées au travail... En fait, dès que l'on en arrive aux aspects difficiles des relations humaines, quand il ne suffit pas de sourire et de dire « oui », le management de proximité s'avère plus complexe. Il ne suffit plus d'avoir provisoirement créé des relations dignes d'un club de vacances pour faire du management de proximité.

Le problème avec les béquilles, c'est que certes elles aident à marcher quand cela va mal mais qu'on court toujours le risque de ne pas faire l'effort de pouvoir s'en passer. Et finalement, on marche, mais lentement. Le problème des béquilles, c'est aussi qu'il est très dangereux de vouloir utiliser les trois... C'est donc une autre voie qu'il faut emprunter pour renforcer la conviction, tout simplement en valorisant, le mieux possible, cette activité que l'on estime capitale.

LA CLÉ DE LA VALORISATION DU MANAGEMENT DE PROXIMITÉ

Le meilleur moyen de renforcer la conviction, c'est de mieux valoriser le management de proximité, en n'attendant pas le pot de départ en retraite pour reconnaître les mérites de ceux qui l'ont assumé avec efficacité. La plus grande difficulté pour valoriser l'exercice de cette fonction, c'est de considérer qu'elle requiert avant tout l'engagement de tous et surtout des personnes les plus gradées de l'institution. En effet, ce ne sont pas les outils d'évaluation, quelle que soit leur sophistication technique ou psychométrique, qui seront jamais d'un grand secours.

Dans cette grande entreprise européenne, la DRH avait décidé de stimuler l'engagement des managers dans leur activité relationnelle. Pour ce faire, ils avaient considéré que le meilleur moyen serait de l'intégrer dans le système actuel d'évaluation des performances. On essaya donc de formaliser l'activité de management de proximité sous formes de 17 compétences censées traduire un management de proximité de qualité. Le grand nombre de critères était là pour représenter le mieux possible toutes les facettes de l'activité. À l'expérience, on s'est aperçu que chacun de ces critères était assez clair pour tout le monde mais qu'il n'était pas évident que chacun leur attribue le même sens : quand on pense que par souci d'équité et d'homogénéité, toutes les entités européennes utilisaient le même outil en anglais, rien ne permet de dire que de la Pologne au Portugal, les évaluateurs mettaient le même sens derrière chaque critère.

Le deuxième problème était que si chaque critère pouvait se comprendre, les lignes de frontière entre les définitions des différents critères n'étaient pas forcément très apparentes. En parlant de sens du dialogue, de transparence, de vision et de *leadership*, il n'était pas toujours aisé de bien position-ner chaque compétence dans sa différence avec les 16 autres. Par discipline, l'ensemble des mana-gers se plia à ce nouvel outil et l'analyse montre deux choses. En premier lieu, très peu de besoins d'amélioration des compétences de management de proximité furent exprimées. Dans à peine 10 % des cas, l'évaluateur faisait état d'un réel besoin d'amélioration de l'une ou l'autre compétence : tout allait donc très bien. En second lieu, on s'aperçut que sur une échelle de notation pour chaque cri-tère, la plupart des évaluations se faisaient dans les deux notes supérieures et l'on en venait à sus-pecter que personne n'avait osé mettre de notes inférieures, par peur de se voir accuser de ne pas travailler sérieusement.

Ce piège des outils est bien réel parce que dès que l'on parle de valorisation, on est inhibé par la ques-tion des outils qui devraient garantir une supposée objectivité cautionnée par des instruments de mesure, des compétences prétendues claires dans leur définition, des grilles réconfortantes pour que chacun puisse se cacher derrière le petit doigt de la technicité. Cela renvoie à un débat plus profond qui mériterait une vraie discussion philosophique, tenant à l'importance de la technicité dans notre vision du fonctionnement des organisations.

La véritable valorisation se situe ailleurs, dans le quotidien de nombreuses pratiques qui reconnaissent cette dimension de la fonction du manager. La valorisation ne se réduit pas à la détermination des bases objectives qui justifient l'équité des primes. Elle s'opère aussi dans la discussion et la reconnaissance par l'institution de cette dimension du travail.

Dans cette entreprise, on a mis en place un outil qui, bien utilisé, pourrait y aider. Chaque n + 1 positionne ses collaborateurs sur un repère à deux dimensions (toujours les mêmes, la production et les relations). Ce positionnement comparatif permet à un n + 2 de discuter avec le n + 1 de son équipe de « n » et donc de son management au quotidien. La discussion est facilitée parce qu'il faut bien avouer que chaque n + 2 a généralement plus de facilité à aborder les questions techniques de production que les problèmes relationnels du management. C'est souvent là que se trouve la clé. Nous avons parlé plus haut des difficultés du management de proximité au quotidien : souvent la question de base est d'avoir l'occasion d'en parler. Ce n'est pas chez soi qu'on peut le faire, il est difficile aussi d'en prendre soi-même l'initiative dans l'entreprise de peur que ce soit perçu comme un aveu de faiblesse. Par contre, c'est à la fonction du supérieur de l'aborder avec la même banalité que les questions techniques du travail.

Plus largement donc, la reconnaissance se produit quand le management est une question de discussion dans tous ces moments privilégiés, malencontreusement appelés « temps morts », autour d'un café, lors d'un déplacement professionnel ou à la cantine... Parler avec les managers de cet aspect de leur fonction quand il n'y a pas de problèmes, c'est le meilleur moyen de pouvoir en parler avec moins de passion quand les difficultés surviennent.

La clé de la valorisation se situe là : va-t-on considérer que l'exercice du management de proximité est un objet d'échange avec son supérieur hiérarchique ? Pour ce faire, nul besoin d'outils de communication, de procédures sophistiquées définissant des temps, des grilles, voire des incitations financières ou autre, c'est dans la simple relation quotidienne que cela peut s'aborder. Cela demande finalement très peu d'effort de la part de tout le monde. Mais c'est à cette condition seulement que la conviction de l'importance de ce rôle se renforcera ; c'est également à cette condition que l'échange, plutôt que le partage, réduira les tensions et les douleurs que beaucoup ressentent dans l'exercice de ce rôle que l'on ne devrait plus ne reconnaître que quand les collaborateurs se plaignent.

Chapitre 9

La compétence

Le management de proximité est une question de conviction mais aussi de compétence. Comme beaucoup d'autres choses, cela s'apprend. Cette idée n'est pas aussi évidente qu'il y paraît. En effet, assez souvent on entend dire que la qualité du management relève du don, de l'inné, de ce qui ne peut s'apprendre : face à lui, deux clans s'opposent, ceux qui ont la chance ou non d'être doués. En fait, dans ce domaine, on en est resté au mythe de « l'âme du chef » : ceux qui sont ou non tombés dans la marmite quand ils étaient petits. Bien entendu cette formulation est provocatrice. Énoncée aussi brutalement, personne ne peut y croire, cela renvoie à trop de mauvais souvenirs.

Et pourtant, nombreux sont ceux qui avouent qu'au final, il y a les managers par nature et ceux qui ne le deviendront jamais, ceux qui sont doués et les autres. C'est parfois, de guerre lasse, après une longue expérience plus ou moins heureuse, que beaucoup avouent qu'au fond, le management reste une affaire de don. Les théories plus ou moins modernes du management remettent d'ailleurs l'idée au devant de la scène. En insistant tellement sur le *leadership*, en voulant à tout prix l'opposer au management, on en arrive assez vite à définir les caractéristiques comportementales, mentales, psychologiques du *leader* qui se trouve être un personnage extraordinaire qu'il est difficile d'imiter. Il y aurait les chefs et ceux qui ne le sont pas.

Depuis quelques années, on a mis à l'honneur des modèles du manager visionnaire ou charismatique. Avoir des visions, ce n'est pas donné à tout le monde, comme du charisme, d'ailleurs, qui renvoie à des compétences étranges, très inégalement réparties, permettant aux gens de savoir parler à d'autres, les entraîner, les motiver. Bien malin qui pourrait apprendre à développer du charisme ou des visions !

Cette approche a indéniablement ses avantages. Si le management est un don, tant mieux pour les doués, tant mieux aussi pour les autres car ils n'ont pas à se préoccuper de s'améliorer puisque, *in fine*, ils n'y peuvent rien, c'est la nature… Une telle approche ne fait pas l'affaire des organisations parce qu'elles ne peuvent compter sur les performances des techniques de recrutement pour repérer les élus… si c'était possible, cela se saurait. Mieux encore, le besoin de bons managers de proximité est universel dans les organisations et il ne suffit pas de quelques individualités connues de tous pour assurer le fonctionnement d'une institution, c'est à tous niveaux que l'on a besoin de bons managers de proximité.

LE MANAGEMENT, CELA S'APPREND

Avant même d'explorer les voies du développement des compétences, il faut affirmer que le management de proximité, cela s'apprend. La règle des 2-96-2 s'applique comme dans beaucoup de pratiques, qu'elles soient sportives ou artistiques : 2 % des gens sont doués, ils sont tombés dans la marmite étant petits ; 2 % n'y arriveront jamais quel que soit l'acharnement pédagogique ; quant aux 96 % restants, ils peuvent apprendre à être moins maladroits le lendemain que la veille. Tous n'apprennent pas à la même vitesse, tous n'atteindront pas le même niveau de performance, tous n'auront pas besoin d'y consacrer le même effort, mais l'amélioration est toujours possible.

Quand on creuse un peu, on s'aperçoit que cette idée a du mal à être admise parce que d'aucuns se font une image un peu limitée, voire faussée du problème : ils confondent les qualités de management avec des traits de personnalité sur lesquels il ne paraît pas possible de pouvoir agir. Les qualités d'un manager de proximité relèveraient de ce que l'on appelle en raccourci l'extraversion, à la fois de l'activité, du dynamisme et de la sociabilité avec de l'aptitude aux contacts. On peut être un bon manager de proximité tout en croyant être timide : la qualité de la relation managériale ne se mesure pas à la jovialité. Chacun, dans son propre style relationnel, peut développer ses qualités. Il est même préférable de ne pas trop essayer de forcer sa nature, les effets induits sont généralement pires que ce qui est injustement considéré comme un défaut.

Et d'ailleurs, mais ce n'est pas un argument, comment pourrait-on envisager le fonctionnement des organisations si ces possibilités d'amélioration n'existaient pas ? Il suffirait de fermer boutique et de se lamenter sur les difficultés du monde... ou des tendances sociologiques.

On pourrait dire aussi que la plupart des institutions et des managers sont déjà convaincus de la nécessité d'apprendre le management : il suffirait de regarder la profusion de formations en tout genre depuis une trentaine d'années. Dans certaines entreprises, on a tellement formé au management que l'on ne sait plus que faire pour encore « étonner Benoît ». Une entreprise, récemment, diffusait un très technocratique appel d'offres pour une formation au management avant de finalement choisir une formation au théâtre. Le théâtre est une excellente formation humaine, mais il ne faut pas se gargariser de fumeuses compétences dites managériales pour le justifier.

Il n'est pas aberrant de former au management en continu : c'est de la formation permanente. On ne peut jamais dire que maintenant on sait faire. Le management, c'est comme l'éducation ou l'amour, on n'a jamais fini d'apprendre. Toute évaluation de ces investissements de formation est assez téméraire : que se serait-il passé si ces formations n'avaient pas eu lieu ? Il est probable qu'avec le recul, les historiens se surprendront de l'évolution phénoménale subie par nos organisations dans leur mode de fonctionnement durant ces trente dernières années : personne au moment de la première crise pétrolière n'aurait pu imaginer les transformations profondes dans le cadre de la mise en œuvre des démarches qualité, des processus de certification, de la mise en place des flux tendus, etc. Il ne faut donc pas écarter d'un revers de main les performances des formations au management.

Toutefois, s'il est une chose qui évolue assez peu ou, du moins, avec beaucoup de lenteur, c'est bien l'approche de l'humain qui, quel que soit le langage utilisé, relève plus d'une approche technicienne, voire technocratique, des problèmes. Finalement, toutes les formations au management butent sur cette difficulté : comment aborder les problèmes humains dans une logique qui fasse droit aux principes de base des sciences sociales sans être la simple projection sur « l'humain » des principes bien efficaces qui fonctionnent dans le domaine technique ?

Par exemple, il ne suffit pas de bien expliquer pour que les gens comprennent, soient d'accord et l'intègrent dans leurs comportements ; par exemple encore, on ne change pas les personnes, seules les personnes peuvent changer ; voire : je peux rêver le comportement des autres, c'est en changeant moi-même que je puis avoir une influence, plus qu'en essayant de changer les autres.

Effectivement, beaucoup de formations tentent d'apprendre aux managers à « faire » du management. On leur apprend à faire un entretien, à résoudre des conflits, à mener une réunion, une négociation, à communiquer, etc. Il est même des cas où ces actions ont été subtilement étudiées, décomposées, explicitées en listes d'action, en réflexes de comportements soigneusement résumés sur des fiches cartonnées comme des recettes de cuisine, en gammes d'attitudes longuement répétées devant la caméra. De tels apprentissages peuvent être très utiles ; dans le meilleur des cas, ils indiquent à la personne qu'en matière humaine, on peut toujours apprendre : ce n'est déjà pas si mal. Dans le pire des cas, ils donnent l'impression de tout savoir et de tout maîtriser en matière de relations humaines et l'on tombe alors dans le piège des comportements peu authentiques qui font plus de mal que de bien. C'est ce que nous avons vu plus haut dans l'exemple du directeur d'hypermarché et sa poignée de main aux caissières.

L'« ÊTRE » ET LE « FAIRE »

Pour passer un nouveau cap, l'attention devrait plutôt porter sur « l'être » que sur le « faire ». Les attitudes comptent beaucoup. La manière dont on est a souvent plus d'impact que ce que l'on fait. Qui n'en a pas fait l'expérience en offrant un cadeau, quand le récipiendaire percevait dans l'attitude quelque chose de peu cohérent avec la valeur du présent ! En famille également il n'a échappé à personne que la manière d'être vis-à-vis de ses enfants a souvent plus de conséquences que ce que l'on s'évertue à... faire.

C'est sans doute sur sa manière d'être qu'il est opportun de travailler parce qu'elle véhicule un message et traduit une réalité, parce qu'elle a des effets importants sur les autres. Je n'ai pas d'influence sur les autres que lorsque je le décide : vos enfants, ayant grandi, ne manquent pas de vous le faire remarquer quand ils vous rappellent vos attitudes oubliées qui ont eu apparemment tant d'influence sur eux... Dans le milieu professionnel, le directeur de cette entreprise de haute technologie, pépinière d'ingénieurs, racontait qu'il avait mis longtemps avant de s'apercevoir qu'en arrivant le matin à l'entrée du parking, il saluait le gardien systématiquement. Ce dernier, immédiatement après avoir ouvert la barrière, se retournait vers son ordinateur et envoyait un message à une liste de « favoris » qu'il avait constituée sur le réseau interne. Le message était du genre : « Il n'a pas l'air de bonne humeur aujourd'hui. » Plusieurs personnes, avant même que le directeur n'ait garé sa voiture, savaient déjà qu'elles reporteraient au lendemain leur demande de budget supplémentaire...

En creusant les problèmes que rencontre dans sa mission le manager de proximité, on s'aperçoit souvent qu'il ne lui est pas facile d'assumer cette mission parce qu'elle n'est pas valorisée et lui rappelle des expériences douloureuses, comme nous le disions plus haut. Mais souvent, aussi, il a une difficulté personnelle à satisfaire aux exigences de cette mission. Deux aspects très personnels méritent d'être soulignés à cet égard.

Le premier, c'est un certain manque de confiance en soi. On est plus à l'aise dans le « technique » et pas tellement armé pour assumer les questions humaines. D'ailleurs, hors de l'entreprise, ce n'est pas forcément le secteur dans lequel on a le mieux réussi. Un manque d'expérience collective, des expériences affectives et familiales douloureuses, une difficulté à se positionner dans la société, au sens large ou étroit du terme, le manque d'expérience positive et heureuse avec ses propres managers dans le passé et l'on ne se sent pas forcément le mieux armé pour affronter les exigences du poste.

Le second concerne la question importante des priorités. On oublie un peu trop souvent que la psychologie du développement nous a appris les différentes phases par lesquelles passait la personne durant toute son existence, au-delà des moments importants de la petite enfance. La constitution d'une forte identité, l'affirmation de principes de vie, le souci de transmettre surviennent dans le développement normal d'une personnalité et il est certain que, selon les âges de la vie, la fonction même de management de proximité va s'aborder de manière différente. « S'occuper des gens » à 30 ou à 50 ans, ce n'est pas tout à fait la même chose. Cette lucidité tenant aux différents stades de la vie, de l'évolution des enjeux personnels et des satisfactions possibles selon ces âges exige un certain travail sur soi, une clarification de ce qui est réellement prioritaire pour soi. Ce n'est pas facile à faire. Il suffit de voir combien la question de l'équilibre entre vie personnelle et professionnelle transparaît dans toutes les enquêtes, même auprès de cadres déjà « mûrs », pour se rendre compte que cette question des priorités ne se résout pas sans mal. Sans doute la question de la relation aux autres, qui est en jeu dans le management de proximité, en souffre-t-elle.

Dernière précision à apporter avant de décliner ces différentes compétences qui relèvent plutôt de « l'être » : il ne faudrait pas croire que tout repose sur les managers, que l'amélioration du management de proximité ne tient qu'à leur effort pour développer leurs compétences. On peut en avoir la tentation en disant que finalement, les organisations ne peuvent rien et que tout l'effort ne dépend que de la bonne volonté des personnes. Ce n'est pas le cas. Cependant, le premier pas ne peut être fait que par les managers eux-mêmes. Toute amélioration ne peut partir que d'eux : ce peut être un petit pas, mais ils en ont seuls l'initiative. Comme pour arrêter de fumer ou établir de meilleures relations avec ses proches, on est toujours responsable du premier pas. Pour faire référence à des philosophies célèbres du XXe siècle, l'autre s'impose toujours à la personne, l'oblige à réagir, à faire le premier pas.

LES TROIS COMPÉTENCES DE BASE

Trois compétences majeures méritent d'être étudiées en permanence, parce que l'on n'a jamais fini de les développer.

Savoir repérer ses propres comportements

Chacun a fait cette expérience, lors d'une discussion détendue – ou, au contraire, au moment de l'une de ces explications « franches » – d'une personne qui vous dit vos quatre vérités et vous rappelle une de vos paroles anciennes, votre attitude dans une situation passée. La personne s'offusque, explique ce qu'elle a décodé, ressenti. Généralement vous tombez des nues, même quand vous vous souvenez, dans le meilleur des cas, de la situation. Vous vous reprenez alors : « Je ne me souviens pas, je n'ai pas fait cela, je voulais dire autre chose, c'est un malentendu, etc. » On n'a en effet pas toujours conscience de ses propres attitudes ou de ses comportements. On s'en rend compte devant l'écran en se voyant évoluer ; chacun se souvient même de la première fois qu'il a entendu sa propre voix sur un magnétophone : on ne se reconnaît pas et c'est d'ailleurs assez horrible. Cela prend du temps d'admettre que les autres vous entendent toujours comme cela...

Un chef d'entreprise racontait qu'il ne conseillerait jamais à une entreprise d'avoir une politique de communication vis-à-vis des familles des salariés. Il signifiait par là une expérience personnelle forte qu'il ne tarda pas à raconter. Alors que son usine, unique employeur d'un petit village, vivait une période difficile, il considéra que ses employés étaient informés régulièrement des difficultés qu'elle traversait mais il n'était pas sûr qu'il en fut de même pour leurs familles. Il décida donc de faire rédiger une brochure très claire et pédagogique sur la situation de l'entreprise et, afin d'être certain qu'elle atteindrait les familles, il la leur fit porter... par huissier. À l'écoute de cette histoire tous ses amis se mirent à rire et s'étonnèrent d'une telle action : quel dut être le trouble ressenti par les familles en voyant apparaître l'huissier et en imaginant que tous les voisins l'avaient vu également ! Le chef d'entreprise était surpris de notre réaction : il connaissait très bien l'huissier avec lequel il avait de très bons rapports...

Dans une autre entreprise, un cadre se plaignait de ne pas parvenir à terminer tous ses dossiers avant la trêve de Noël. C'était un moment tendu, surtout depuis que la DRH leur avait demandé de prendre le temps d'expliquer à chacun les

149

décisions d'augmentation de salaire. Un peu agacé, il me disait qu'il n'aurait certainement pas le temps de voir l'un de ses collaborateurs les plus proches pour lui donner les explications nécessaires et, à mon regard étonné, il ajouta : « Oh, ce n'est pas grave, je vais lui inscrire le montant sur un *post-it* et le coller sur l'écran de son ordinateur... je lui ai obtenu ce qu'il voulait, cela ne pose pas de problème... ! » La plupart des erreurs en matière de relations humaines ne relèvent pas de la méchanceté, mais plutôt de la maladresse.

Peut-on apprendre quelque chose en la matière ? Certainement, les formations de vendeurs le font depuis longtemps. Il est toujours important de *débriefer*, de reprendre l'entretien avec un prospect pour relire ce que l'on a fait ou dit. C'est comme cela qu'on forme les nouveaux. Après un entretien raté et plutôt que de se lamenter sur les problèmes caractériels de l'autre, il est toujours plus utile de reprendre la manière dont on s'est comporté. La première fois qu'on se livre à ce genre d'exercice régulier, on n'en tire pas grand-chose mais, à force de le pratiquer, on devient plus conscient de ses propres comportements et attitudes.

Comprendre ses propres comportements et attitudes

Une fois ces comportements repérés, il est important de les comprendre. On n'a jamais fini de s'interroger sur les raisons profondes de ses comportements. Cette compréhension est le premier pas indispensable pour les accepter et éventuellement les aimer. Il y a parfois des réticences à faire ce travail de compréhension. On craint de chercher des explications et on préfère éviter la question. On tombe aussi dans des travers communs d'auto-flagellation, d'auto-dénigrement ou d'auto-complaisance. Ces dérives existent mais on peut les éviter. Et si les dérives existent, il est sans doute pire de ne jamais se poser de questions sur les raisons de ses comportements… Finalement, avec beaucoup de simplicité, on peut se demander pourquoi on agit comme on le fait.

Il existe même un moyen de commencer de le faire dans le sens de cette simplicité. Nous disposons de clignotants qui avertissent de ce qui se passe pour nous d'important ; ceux-ci constituent ainsi la porte ouverte vers cette compréhension. Ce sont les émotions. Dans un entretien ou une séance de travail, un agacement, un souffle de plaisir, une crainte, voire un indice de colère, sont généralement les meilleurs indicateurs que quelque chose d'important est en train de se produire. Certains parlent aujourd'hui de gestion des émotions : ce doit probablement être une affaire de spécialiste ou une illusoire ambition. Plus simplement, l'attention prêtée à ce que l'on ressent, à partir du moment où on ne se limite pas à cette impression, permet d'avancer dans cette compréhension. L'impression est le signal, après il n'est pas interdit de réfléchir...

C'est un fait que les émotions surviennent avant la raison : je ressens avant d'être capable de savoir pourquoi. Des événements créent des émotions avant que je sois capable de savoir pourquoi.

Savoir repérer les conséquences de ses comportements sur les autres

C'est sans doute le plus difficile à apprendre. Comment repérer l'impact de ses comportements sur les autres ? Le plus souvent, on est tellement aveuglé par ses propres intentions que l'on ne saisit pas ce qui se passe chez l'autre. Le propre de chacun dans une organisation, c'est de porter plus le regard sur le supérieur que sur le collaborateur. Assez souvent, les managers ont du mal à réaliser qu'ils sont objet des regards et des analyses de tous. Le manager qui traverse la cafétéria sans un regard à ses collaborateurs ne se doute généralement pas de ce qu'ils pensent.

Ce patron avait la fâcheuse idée de bien aimer raconter ses projets et ses histoires aux collaborateurs rencontrés. Le problème, c'est qu'il pouvait sans s'en rendre compte raconter exactement la même histoire à la même personne à deux jours d'intervalle. Chacun prenait cela comme de l'arrogance et du mépris. Il était difficile de les convaincre qu'il n'en était rien. Faire l'hypothèse de l'arrogance ou du mépris, c'était supposer que le patron s'était rendu compte qu'il avait quelqu'un en face de lui : il n'en était pas encore là de son développement personnel... Nous nous faisons souvent beaucoup de mal en réagissant à l'attitude des autres vis-à-vis de nous ; nous ne devrions pas imaginer que les autres nous en veulent, ils ne se sont même pas aperçus que nous existions et il en va souvent ainsi des relations du manager avec ses collaborateurs.

SANS CESSE, SUR LE MÉTIER, REMETTEZ VOTRE OUVRAGE

Finalement, ces compétences de base n'ont rien d'original. Les Grecs le disaient déjà il y a bien longtemps, et à peu près toutes les grandes traditions éducatives ont toujours mis en valeur l'importance de se demander ce que l'on fait, pourquoi on le fait et quelles en sont les conséquences sur les autres. Ce sont des compétences qui n'ont jamais fini d'être acquises parce que ce questionnement est permanent. À ces conseils, certains répondent qu'il est donc nécessaire d'avoir un « psy ». C'est une remarque curieuse. Faudrait-il avoir l'aide d'un psychologue pour s'interroger sur ses actes et leurs conséquences ? Est-ce que ces questions de base ne relèvent pas d'un minimum d'hygiène personnelle comme l'exercice physique, la réflexion intellectuelle ou l'hygiène corporelle ? Est-ce que l'on a besoin d'aller aux urgences pour une égratignure, de voir un spécialiste au premier rhume de l'hiver ? Sans nier le besoin de soutien d'un spécialiste dans des situations bien particulières qui le nécessitent, le questionnement sur soi au quotidien est à la portée de tous, même si une pratique régulière peut éviter de tomber dans les pièges mentionnés plus haut de la dérive subjective. Une fois encore, ne jamais se poser des questions est encore plus risqué.

Les plus optimistes se diront alors qu'apprendre est possible, que l'on peut devenir un virtuose des relations humaines et qu'il suffit de se ruer vers les ouvrages des grands philosophes et pédagogues pour leur emprunter les exercices adéquats et devenir, enfin, un « bon » dans le domaine. Ce n'est pas totalement juste ; rares sont les virtuoses des relations humaines, ceux qui ne font jamais d'erreurs ni de maladresses. Même avec cette lucidité personnelle, on continue de faire des bourdes ; la seule différence, c'est que l'on s'en rend compte plus tôt et qu'on sait s'ajuster avant qu'elles ne produisent leurs effets négatifs non maîtrisables. Et l'on sait, en matière de disputes professionnelles ou personnelles, combien de petites maladresses génèrent parfois des conflits éternels, atteignant un tel niveau de gravité qu'il devient impossible d'en sortir indemne.

Chapitre 10

Le goût

LES RAISONS DE L'OUBLI DU GOÛT

Puisque le management de proximité est une mission de relation avec les membres d'une équipe, puisque c'est une fonction tournée vers l'autre, il est une question que l'on ne peut manquer de se poser avant la fin de l'ouvrage, c'est celle du goût et de l'envie. Comment faire pour que des managers aient envie de s'occuper de cet aspect de leur mission, qu'ils consacrent du temps, de l'énergie et de l'attention à leurs collaborateurs ? Les livres de management nous présentent les styles idéaux de management, les attitudes de *leadership* qui garantiraient le succès, comme si chacun pouvait revêtir les habits du manager de proximité comme un déguisement qui ne les toucherait profondément en rien. Ils brossent une image très désincarnée d'un manager soumis aux injonctions d'adopter un style, de se contraindre à des codes relationnels, d'épouser des attitudes convenant aux situations.

Mais rarement on évoque ce qui est tout de même à la base d'une fonction relationnelle, à savoir sa propre approche des autres, la générosité, l'amour des gens, l'ouverture authentique à l'autre. Les philosophes ont sans cesse élaboré leurs théories sur le constat d'un oubli (celui du monde, de l'être, etc.) : c'est à se demander si l'on aura pas un jour un vrai philosophe du management dénonçant, dans les approches traditionnelles, l'oubli de la personne. Plusieurs raisons peuvent expliquer cet « oubli ».

En premier lieu, il faut reconnaître que l'on ne sait pas trop quoi dire de ces notions dans un livre de management. Ces notions de goût des autres évoquent la morale personnelle, sa philosophie, ancrée éventuellement sur des convictions profondes. Autrement dit, quelque chose de très personnel qu'il serait malvenu d'aborder.

En second lieu, il peut être perçu à propos de ces notions une sorte de culpabilité quand on a l'impression de ne pas en faire assez, de ne pas être assez tourné vers cette mission humaine. Dans les modèles sociaux tels qu'ils existent dans les théories du *leadership*, la sociabilité, l'affabilité, la prise en compte des autres, la communication sont autant de *must* inévitables. Pour celui qui n'y parvient pas ou n'apprécie pas, il peut être douloureux d'admettre ce manque d'orientation vers les autres. On a tellement mis en avant les qualités d'extraversion qu'il devient honteux de ne pas l'être. Il serait donc peut-être nécessaire de « réhabiliter » l'introversion, le goût d'être solitaire, comme le montrent finalement très bien les théories de la personnalité quand on ne met pas en avant ces modèles sociaux très relatifs. On sait par exemple que certains trouvent plus de ressources personnelles dans leur expérience et leur réflexion que dans les autres, que certains ont tendance à aller assez naturellement vers les autres en cherchant à créer du collectif mais ne veulent pas forcément que les autres s'imposent à eux, par souci de conserver une indépendance. Cette orientation vers les autres a donc certes une connotation morale mais ne peut pas être abordée uniquement sous cet angle. Le problème du « goût » mérite donc bien d'être abordé.

LE GOÛT ET LES HASARDS DE L'EXPÉRIENCE

Au-delà de prédispositions personnelles, quels sont les facteurs potentiellement générateurs du goût et de l'envie ? Il en est un qui domine, c'est d'avoir eu la chance de rencontrer dans son expérience professionnelle un manager qui assumait bien cette mission de proximité et qui y prenait un certain plaisir. Une telle expérience peut donner l'envie car on n'a jamais envie que de ce dont l'autre a envie, les théories du désir mimétique l'ont montré depuis quelque temps. En interrogeant les managers de proximité, le plaisir le plus fort qu'ils disent avoir trouvé dans leur mission, c'est d'avoir fait grandir des personnes, de les avoir développées : quand, en plus, celles-ci s'en rendaient compte, souvent avec retard, et qu'elles le reconnaissaient, c'était vraiment le plaisir suprême, celui de l'artiste dont l'art a transformé pour un instant son public, celui du professeur qui reçoit un signe de l'un de ses étudiants pour le progrès qu'il l'a aidé à faire : il est des instants comme ceux-ci qui font éternité, ce sont ceux dont se souviennent généralement les bons managers.

Malheureusement, certains n'ont souvent connu que des managers que le management ennuie, qui s'obligent de mauvais gré aux exigences de ce relationnel au quotidien, ceux qui sont tellement obnubilés par la dimension technique de leur travail que, sans mauvaise intention, ils en oublient les autres, ceux qui s'accrochent à leur carrière et prennent leur poste de manager comme le marche-pied d'où ils peuvent voir encore plus haut... Certains ont également connu ces fameux « petits chefs », adjudants acariâtres, « chefaillons » plus ou moins absents ou pervers... Mais si ces profils ne se trouvaient que dans la catégorie des managers... cela se saurait.

Il est une manière plus simple de dire la même chose. Pour avoir envie de s'investir dans le management de proximité, encore faut-il qu'il règne un peu d'exemplarité. C'est un leitmotiv, presque une banalité. Pourtant, c'est un message fort qui s'adresse aux niveaux les plus élevés de nos organisations. En effet, quand on parle de management de proximité à des dirigeants, ils pensent toujours qu'il s'arrête aux premiers niveaux de management, ceux des contremaîtres ou des chefs d'équipe, mais pas au leur, pas le management supérieur, pas ce management technicien qui a dépassé le stade du relationnel et se trouve maintenant au-dessus des problèmes de relations, de personnes et d'équipe. Il faut bien reconnaître qu'à observer un comité de direction, il n'y a pas de grande différence avec quelque équipe que ce soit, hormis dans ces comités virtuels dont toutes les étoiles sont filantes, ne cherchant qu'à préparer leur mouvement suivant.

Il est bien certain que les attitudes et comportements des dirigeants au niveau le plus élevé ont une influence considérable sur toute la ligne hiérarchique. Certains le savent très bien qui gardent avec chacun une relation directe et authentique, qui reconnaissent aussi que les rôles occupés ont des exigences, spécialement vis-à-vis du personnel. Prenons deux exemples récents. Une entreprise décide de passer tout son encadrement à un séminaire insistant sur quelques clés du management : évidemment, le comité de direction n'y assiste pas lui-même. Dans un autre cas de figure, le président d'une grande entreprise du CAC 40 avait décidé avec sa DRH de lancer le 360 °. La démarche avait été rigoureusement mise en œuvre en partant bien du comité exécutif avant de descendre progressivement les différents échelons de l'entreprise. Lors d'un séminaire où le président s'exprimait devant une centaine de cadres supérieurs de l'entreprise, quelqu'un lui posa la question : « On nous parle beaucoup de ce 360 °, apparemment vous y êtes passé vous-même, on nous dit que cela doit instituer des relations plus directes entre les personnes dans l'entreprise, pouvez-vous nous dire ce qu'a donné votre *feed-back* ? » Remous timides dans l'assistance en se demandant si cette personne n'allait pas se prendre un retour de volée un peu sévère. Il n'en fut rien. Le président indiqua qu'il ne s'attendait pas à cette question, il prit quelques secondes pour réfléchir avant de donner quelques grandes lignes de son analyse. Il est clair que cette réponse assez directe et authentique a plus fait pour le développement de l'outil dans l'entreprise que d'infinis séminaires de management. D'après vous, qu'est-ce que chacun a raconté aux collègues de retour au bureau ?

Pour être exemplaires, les dirigeants peuvent également dans leurs décisions ne pas transmettre un message qui soit contraire au violon habituel sur le management de proximité : par exemple en ne renvoyant pas n'importe quel problème aux « ressources humaines » pour qu'elles le traitent, comme s'il y avait finalement des spécialistes pour l'humain, dédouanant ainsi les autres de ne pas s'en occuper. Il y a une autre manière de véhiculer le même message de façon plus moderne, c'est d'envoyer un collaborateur au *coach* quand il vous parle de ses problèmes. Si le coaching devient un moyen d'externaliser et de sous-traiter la relation managériale, on va vite en subir les graves conséquences. C'est le genre de réaction, transposée au sein de la famille, qui conduirait à livrer ses enfants au début de l'adolescence à une société spécialisée qui vous les prendrait en charge durant cette étape de leur existence, souvent peu agréable pour les parents…

Il est un dernier domaine dans lequel on peut facilement être exemplaire, c'est celui de la formation. On peut, même en étant dirigeant, continuer de développer ses compétences sur les questions indiquées au chapitre précédent. Mais le besoin de formation en la matière n'est pas le plus largement partagé entre les dirigeants. Et même s'ils y succombent, ce sera dans des cercles cachés, avec des conseillers personnels, ces fameux Raspoutine dont la seule présence fait souvent beaucoup de dommage.

La responsabilité du management d'en haut

Poser le problème du management de proximité, c'est poser le vrai problème de fonctionnement de nos organisations dans les décennies à venir. Et ce besoin ne concerne pas seulement les entreprises mais aussi le milieu associatif, les syndicats et les partis politiques. On ne peut se satisfaire, dès qu'un besoin surgit, de la seule création d'une nouvelle profession, avec ses statuts, sa technicité, son institut et sa convention collective ; il suffit de voir qu'en milieu médical et infirmier, on n'a pas résolu ainsi le problème de la relation au malade, pour autant d'ailleurs que l'on considère que ce soit une question...

Poser ce problème, ce n'est pas se décharger sur les programmes de formation (même à 20 heures par mois) ou sur des fonctions spécialisées qui vont traiter le problème. C'est plutôt le prendre en compte au niveau de la direction générale qui ne lui consacrera pas simplement du temps ou de l'énergie mais surtout remettra en cause ses propres comportements et attitudes.

© Éditions d'Organisation

Index

A

F

G

M

Management 3, 24, 26, 38, 45, 49, 51-52, 58, 60-63, 68, 96, 98, 104, 116, 129, 159-160
~ distance 52, 55-57, 85
~ proximité 10-11, 15, 28, 51, 53-54, 63, 75, 79, 85, 89, 91, 93, 95, 100-103, 106, 109, 111, 114-119, 123-128, 131, 134, 139, 147, 159, 162, 169
Manager 5, 7, 24, 30, 38-40, 42-43, 46-47, 51, 53-54, 56, 59, 64, 68, 70, 75, 90-91, 95-96, 102, 105, 118, 123, 127-128, 152, 162
Manager à distance 96, 125
Manager de proximité 26, 29-31, 65, 67, 69, 71, 74, 79-80, 95-97, 106-107, 145, 159
Métier 22, 52
Motivation 70, 107, 112

O

Objectifs 101, 124
Organisation 23, 25, 36, 47, 51-52, 55, 60, 73, 83, 101, 103, 118, 127, 140, 142
Outils 4, 63, 129-130

P

Participation 4
Performance 15, 100-101
Personnalité 141
Personnes 75, 125, 133, 160

© Éditions d'Organisation